U0138812

近年來校園霸凌問題是家長、教師、行政人員等十分關注的議題，就家長而言，不希望霸凌事件的加害人是其小孩，更不希望小孩是霸凌事件的受害者；就教師而言，不希望涉入霸凌事件的當事者（不論是加害者或受害者）是其班上學生；就學校行政人員而言，不希望校園發生霸凌事件。可見，人人都不願聽到或看到學校發生霸凌問題，但不幸的是如果學校真的發生校園霸凌事件，教師、家長與所有同學更不願或不想讓受害者持續受到傷害或欺凌。

　　班級學習情境應是溫馨的、和諧的、安全的，這是所有身為教師應有的體認，要達到這樣的目標，教師必須從班級經營策略著手，教師不僅要用心、更要用對方法，運用正向管教，提高學生自尊與內在動機，如此，才能有效減少學生不當行為或矯正學生偏差行為；此外，教師也應以身作則，做好情緒管理，作為學生典範。班級經營實務中，學生個體的異質性很大，其家庭背景與人格特質間也有很大不同，因而教師班級經營的最佳策略是採取權變方法，這是因材施材、適性教學的理念，教師若能敬業、樂業，建構適合教師特色的班本文化，則能掌控學生的一舉一動、一言一行，贏得家長尊敬、學生認同、行政肯定，將每位學生帶上來。

　　對於霸凌事件的問題，教育人員與家長不應迴避，也不應擴大渲染。教師首先應對霸凌相關議題及內涵必須有所瞭解；其次是對於霸凌事件預防的治標方法與治本策略知能也需要具備；最後是對於學生涉入校園霸凌問題時的處理、通報、介入與輔導也應知悉，如此，才能減少校園霸凌事件的發生，有效而快速的處理霸凌問

題。身為家長者，若有小孩涉入校園霸凌事件，家長更不能置身事外，霸凌事件的加害人與其家庭教育是否發揮「教育」及「管教」功能間有緊密關聯，家長必須為小孩典範，行為與衝突解決方法必須合於法則性與理則性。

《霸凌議題與校園霸零策略》一書就是在上述理念下所醞釀完成的，書籍內容主要分為三大部分：一為校園霸凌的議題，包含霸凌內涵、型態、成因之相關理論等的介紹；二為發生校園霸凌事件的處理與友善班級建構的具體方法；三為對於校園霸凌事件的預防與處置，家長應知道的事項。書中所提出的策略在中小學皆是具體可行的方案，方案或策略是否實踐，端賴教育人員的用心與巧思，若是教師能再發揮創意，有效經營班級，定能營造友善班級氣氛，減少學生的不當行為，進而降低霸凌問題的發生。家長如能對校園霸凌議題的內涵與成因有深入的瞭解，將正向行為映照給小孩，則小孩出現暴力行為的機率也會大幅減少。

給學生一個安全的、友善的學習環境，是所有教育人員共同的職責與義務；讓學生安心、家長放心是學校行政人員與教師必須要建構的校園氛圍，唯有大家用心，才能建立無霸凌的校園，這是所有家長與學生所期待的，但願本書的出版，能為無霸凌校園的願景提供具體的幫助。

霸凌問題屬個案、凌虐同學人人嘆；
百般藉口令人惋、受害學生身心癱；
學習生活欠心安、目睹霸凌不隱瞞；
告知大人最簡便、介入處置重權變；
友善校園人人盼、教育願景會實現。

吳明隆、陳明珠 謹上
2012.01.15

序 言

霸凌事件受害人心態圖示（高師大教育學程謝文瑄同學繪製）

網路霸凌型態圖示（高師大教育學程謝文瑄同學繪製）

1

言語霸凌型態圖示（高師大教育學程謝文瑄同學繪製）

性霸凌型態圖示（高師大教育學程邱惠柔同學繪製）

關係霸凌型態圖示（高師大教育學程邱惠柔同學繪製）

關係霸凌型態圖示（高師大教育學程謝文瑄同學繪製）

3

霸凌事件中的角色型態圖示（高師大教育學程謝文瑄同學繪製）

「我們不希望班級學生涉入霸凌事件，但我們更不希望霸凌事件持續發生。」

「我們不希望班級學生出現偏差行為，但我們更不希望偏差行為重複出現。」

「我們不希望教到會傷害、欺凌他人的學生，但我們更不希望讓所有學生受到傷害、欺凌。」

「我們不希望教到『壞學生』，但我們更不希望將學生教壞。」

「我們希望教到『好學生』，但我們更希望將所有學生教好。」

「只要教師有心、用對方法，無霸凌校園是可看到成效的。」

「只要行政協助、家長配合，霸凌事件是可以有效處理的。」

第 1 章

霸凌行為的內涵

霸凌行為在世界各地的校園皆為一個嚴重的問題，亦是社會普遍的現象，早已是各國關切的焦點（Gini, 2006; Kokkinos & Panayiotou, 2004; Mishna, 2003），近年來，國內校園霸凌行為日益頻繁，經大眾傳播媒體披露，兒童福利聯盟文化基金會（2004）關注校園霸凌行為議題，以「霸凌」一詞取代「欺凌」一詞，由於社會大眾及家長的重視，教育行政機關與各校積極宣導校園反霸凌政策，希望建構一個無霸凌的校園，讓「學生能放心、家長能安心、教師能專心」。

第一節　霸凌行為的意涵

　　霸凌行為與一般偏差行為或學生間因衝突爭執引發的攻擊行為是不同的，即使班級課堂中常有攻擊傾向的學生，其攻擊的對象若不是特定的某個人，攻擊的處所並非是刻意挑選的，其攻擊他人時，課堂中多數同學都能目睹到，這樣的行為不能界定為霸凌行為。有些家長或媒體常將班級中同學爭執的暴力行為，誤認為校園霸凌事件擴大報導：「○○學校發生嚴重校園霸凌事件，國三學生因為課堂學習態度不佳，任課教師加以勸告，竟出手毆打任課女教師，造成任課教師輕微腦震盪」、「昨天，○○國中發生校園霸凌事件，二位國二學生因爭執吵架，其中一位出拳揍傷另一位同學的眼睛，受傷同學的視力恐受影響」等，其實有些衝突暴力行為或學生攻擊他人行為的事件並非是霸凌問題，不當解讀報導，反而將霸凌事件無限上綱，製造相關學生、家長的緊張，影響學生學習的情緒，促發家長的擔心與社會大眾的憂慮；相對地，校園真的發生霸凌事件，但學校行政人員及教師並未發

掘，或查覺後未積極介入處置，都可能使學生遭受更多、更大的傷害，這是學校家長很不願意看到的情況，也是教育工作者不願得知的結果。

對於霸凌議題，教師首應有以下體認：

「霸凌事件的處置不同於一般的偏差行為或不當行為的處理。」

「涉入肢體霸凌的當事人可能跨越不同班級。」

「言語霸凌、關係霸凌、性霸凌的加害人與受害者通常是同班同學。」

「霸凌事件的介入處理不僅要有科學方法，更要有懂得藝術策略的運用。」

「無霸凌校園（友善校園）的建構是學校教師共同的基本職責。」

一、霸凌行為的迷思

您有以下這樣的想法嗎？

1. 霸凌是每個人邁向成長階段都會經歷的儀式，它是學習或成長的一部分，因而求學歷程中受到霸凌是正常的。

2. 被霸凌時不用理會加害者，加害人的欺凌行為會自動停止。

3. 被霸凌時，受害人最好的防衛方法是直接向加害者等人反擊或回嗆。

4. 目睹霸凌事件時不能告知老師，否則會成為被欺凌的對象。

5. 為免影響校譽，學校發生霸凌事件最好不要通報。

6. 看到同學受到他人傷害或欺凌，是受害者自己倒楣，不要

好管閒事介入。

7. 只要學生出現暴力行為，都可以說是校園霸凌問題。

8. 霸凌事件的加害者是正義使者的化身，受害人都是很機車的同學，所以可把加害者視為英雄。

9. 霸凌者會持續欺凌他人，背後都有不得已的理由，不應對他們太苛責。

10. 霸凌行為多數導因於學生間的學業競爭或競賽活動。

上面列舉的是教師、學生或社會大眾對於霸凌行為存在的部分迷思，以及似是而非的觀念，這些迷思若沒有加以澄清，將造成更多的霸凌行為，或使霸凌事件中的受害者持續受到傷害。

澄清霸凌迷思與正確認識校園霸凌是件重要的課題。霸凌事件並非是每個人必須要經歷的歷程，更與個人成長與磨練無所關聯，沒有人有義務要去承受無端加諸自身的傷害；也非所有人都成為霸凌者，其實加害者不像其想像地那樣厲害及令人景仰；受害者，亦非是軟弱無能的，而是考慮到反擊可能發生的後果之不堪所採取的因應方式；因為霸凌事件發生常是零星個案，看似案件小和數量低的事件，更易忽視它的存在，除非更多被害者的控訴與受重視，才會讓我們發現對於霸凌行為長期缺乏正確認識。學校處理態度漠視等同於縱容霸凌行為，將導致社會從眾心理，衍生更多的霸凌事件，學校當局當正視霸凌行為的後果嚴重性及影響層面，致力於合作地反制霸凌行為。

二、霸凌行為與攻擊、暴力行為之差異

霸凌行為、攻擊行為與暴力行為有部分重疊，需將霸凌行為

與其他的名詞概念釐清。霸凌行為、攻擊行為與暴力行為、反社會行為皆有不同的測量工具，依Olweus（1978）所定義的是：「霸凌行為是當一個人反覆地暴露在一個或更多他人的負面行為（negative actions）之中，即是遭受到霸凌。」

1 霸凌行為與攻擊行為的差異

　　Griffin與Gross（2004）將攻擊行為（aggression behavior）分為反應性（敵意性）攻擊、促動性（工具性）攻擊、公開攻擊、關係攻擊等；反應性攻擊通常具有敵視偏見，認為其他人試圖傷害他們，故常會憤怒地出擊以作為報復或自我防衛，有固定對象，攻擊目的在使對方遭受肉體或精神上的痛苦。工具性攻擊乃是視暴力或強制為得到想要的東西的一種有效手段，藉攻擊獲得其預謀的利益，這種攻擊是蓄意而為的，並非是出自憤怒。霸凌行為與攻擊行為相同的地方，是霸凌行為與攻擊行為的類型有些相同，傷害對象都是預設對象，且在於攻擊行為的範圍較為廣泛，包括蓄意或者是因敵視偏見而擔心受害而產生的自我防衛機轉而所採取的行為。霸凌行為是故意的欺負行為，加害者具有支配性與掌控性，持續地傷害受害者。

2 霸凌行為與暴力行為的差異

　　暴力行為（aretic behavior）泛稱破壞性、仇視性以及攻擊行為（張春興，1989）。Olweus（1999）指出霸凌行為是暴力行為的次級概念，似乎兩者間有其異同性，比較其相同的部分是，兩者都是「意圖將傷害或不舒服的感覺施加在其他個體身上」。然而，兩者差異在於霸凌行為強調其重複性的歷程，加害者與受害者雙方處於權力不對等的關係；暴力行為並不全然發生權力不對等關係中，不僅涉及校園內的相關人士，也有可能發生在彼此不熟識的陌生人身上，且可能為單次的傷害行為。依據施加傷害方

式,通常霸凌行為使用比較輕微的手段,肢體霸凌的強烈程度較暴力行為輕微,霸凌行為可能造成受害者直接傷害,及間接的自我傷害;暴力行為可能直接造成受害者的傷亡,暴力行為多與犯罪行為有關。而對受害者的傷害方式,霸凌行為有直接與間接霸凌,亦有可能運用關係、言語或者網路霸凌;反之,暴力行為多屬直接地施加暴力於受害者身上,受害者可以清楚瞭解加害者的身分,但霸凌行為的受害者不見得知道加害者的身分,加害者可能以隱藏匿名的方式進行霸凌。

綜上所述,霸凌行為、攻擊行為與暴力行為間,有其相近性、相同性,而彼此間亦有些差異,Olweus(1999)認為攻擊行為包含霸凌行為及暴力行為,而霸凌行為與暴力行為有交集的部分是身體傷害和力量的運用。三種行為概念如表1。

表1 霸凌行為、攻擊行為與暴力行為的比較

項　目	霸凌行為	攻擊行為	暴力行為
身分	同儕團體內成員	不一定	不一定
受害對象	固定	不一定	不一定
加害原因	自發性行為、無緣由	有原因	有原因
加害時間	重複性	不一定	不一定
加害目的	獲得權力掌握	不一定	不一定
傷害型態	直接、間接	直接、間接	直接
加害意圖	故意(工具性攻擊的一種)	不一定	不一定
傷害方式	肢體、言語、性、網路、反擊型霸凌	肢體、言語、性	肢體、性暴力
雙方關係	權力不對等	不一定	不一定

(續)

項　目	霸凌行為	攻擊行為	暴力行為
加害者情緒反應	不牽涉情緒的憤怒與反應	憤怒、敵意、故意、不涉及情緒	不一定
團體	團體對個人、個人對團體、團體對團體或者個人對個人	團體對個人或者個人對個人	團體對個人或者個人對個人

資料來源：Olweus, 1999.

三、校園霸凌行為的定義

　　校園霸凌行為是發生在教育系統（Education System）中，霸凌者有意識地將權力及傷害強加在受害者身上，致使受害者處於無力反抗的劣勢狀態，使受害者感受到生理、心理上的傷害。而此行為屬於有系統性的權力凌虐，具有意圖性、目標導向、重複性與工具性目的之行為模式與攻擊行為，故此行為絕非是偶發現象，並非是由外在刺激所引發（Sharp, Cowei, & Smith, 1994; Smith & Thompson, 1991; Olweus, 1978）。

　　依據Olweus（1978）對霸凌行為的定義為需要同時具備四大要素，分別為：1.欺凌行為長期反覆不斷的欺負行為；2.具有故意傷害的意圖；3.造成生理或心理侵犯的結果；4.學生之間相對勢力不對等（權力、地位）。然而，隨著國內教育界對霸凌行為的重視，教育部在2010年重新界定定義為：1.具有欺侮行為；2.具有故意傷害的意圖；3.造成生理或心理的傷害；4.雙方勢力（地位）不對等；5.其他經學校防制校園霸凌因應小組確認。新舊定義差異的

地方,第一,是在於過去一定要是長期性發生的霸凌行為,新定義不再強調其發生的次數,只要發生過一次都算是欺負行為;第二,是新增一點為需經學校防制校園霸凌因應小組確認其屬於霸凌行為,學校對於霸凌行為與偏差行為處理方式則有所不同。茲將霸凌新定義需要具備五大要素,分述如下:

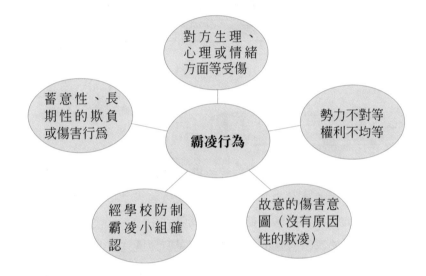

1 霸凌行為是欺負行為

過去對於霸凌的定義,霸凌發生頻率是一個重要的要素。霸凌行為是個具有長期影響的惡行,可說是一種征服,征服的條件只有強與弱,所產生之後果卻是一種破壞與傷害,牽動每個受害者、加害者、旁觀者,甚至整個校園(黃子毅、王麗雲,2007)。

但是,隨著對於民主政治與人權的保障,霸凌時間與次數則不在列為要素條件。教育部重新對霸凌行為定義的要素中,已將

長期性的定義取消，意謂著即使發生過一次的欺負行為，亦是屬於霸凌行為。

2 具有故意傷害的意圖

　　霸凌行為是霸凌者故意的欺負行為，具有支配性與掌控性，持續地傷害受害者（Olweus, 1994），霸凌者將受害者視為霸凌對象的原因，並非是彼此間有利害關係與衝突，而是霸凌者意圖在於獲得支配地位與權力，所獲得的酬賞即是保持社會地位、擁有支配優勢，故霸凌行為係屬工具性的攻擊行為（Menesini, Modena, & Tani, 2009）。

案 例

　　李又賢與林筱瑄是高職二年級的同班同學，同窗共讀兩年，因為常坐同部校車而日久生情後，李又賢主動告白並正式交往，經過半年交往後，筱瑄發現與品賢兩人常為小事發生衝突，覺得兩人個性差異甚大，就主動提出分手，又賢在分手後仍百般糾纏，最後發現仍無法力挽狂瀾，在心有未甘的情況下，遂到處散播謠言，藉以報復與企圖傷害筱瑄，將分手責任歸罪於筱瑄的劈腿，讓同學對筱瑄產生誤解，與班上同學公然聯合批評及離間孤立，致使筱瑄萬分痛苦與煎熬，因此，其他男生亦不敢再追求筱瑄。

　　案例中，李又賢意在傷害林筱瑄，具有故意傷害的意圖，認為自己過著悲慘的痛苦日子，也不想讓筱瑄有好日子可以過，自己得不到她的心，別人也別想得到，企圖造成筱瑄名聲敗壞及孤立無援。

3 造成生理或心理侵犯的結果

霸凌行為基本上是違反基本人權（Greene, 2006）。學者Dawkins與Hill（1995）認為霸凌行為是屬於暴力行為的次級概念，常導致受害者身心倍感痛苦。受害者經過霸凌之後，常出現身體、心理上的影響，受害者常會出現負向認知思考，擔心最壞的事情發生；在身心上的影響，受害者表現焦慮、畏懼、沮喪與情緒低落，甚至拒學、懼學或自我傷害。

案 例

　　三年四班王美珠在班上屬於安靜內向型的學生，很少跟同學有積極的互動，下課時間總是利用時間猛讀書，但是學業成績卻總是倒數前三名，班上黃重羽是個外貌不錯、家庭背景不錯、學業成績也在前十名之內的男同學，個性屬於想成為焦點人物，常做些事情引起同學的注目，因此，將王美珠設定為開玩笑的目標，惡作劇地幫她取個「叫我第一名」的綽號，藉以嘲諷暗喻並且聯合其他同學進行人際孤立。雖然王美珠曾向林老師求助處理，但欺負他的同學，不論在勢力、成績與人緣上都屬於具有優勢者，林老師不認為同學會欺負王美珠，反而認定是王美珠做了白目的事，才導致同學的排擠、嘲笑，並在班上公開表達，請同學不要再跟美珠開玩笑，並未對施加欺負行為的學生做任何處理，雖然如此，大家在積非成是的情況下，加害者更討厭她，其他同學則附和，並且認為此事與他們無關，應該是王美珠個人品行問題。當她的求助無效之下，導致王美珠內心極度恐懼，害怕上學，甚至情緒崩潰，嚴重到罹患社交焦慮症，需由家人陪伴上學，即使考上大學也無法就讀。

　　從此案例瞭解到霸凌行為會帶給受害者身心上的傷害，且影響甚鉅。

4 學生間相對勢力不對等（權力、地位）

　　霸凌行為是一種恃強凌弱與習慣性濫用權勢的重複性行為，當發生衝突行為時，雙方立於權力不對等的基礎上，無論從體格、體力、侵犯性上，或者是利用社會性地位或職權，皆可以看出其中一方較為強勢，另一方則處於較為劣勢的狀況（Rana, 2004；Cross, 2001）。

　　許多人會將學生對老師的不當或暴力行為誤認為霸凌行為，事實上，霸凌與暴力行為的分野，在於霸凌行為強調其重複性的歷程，以及霸凌者與受害者雙方處於權力不對等關係上；反之，暴力行為有可能是長期性的行為，亦可能為單次的傷害行為，雙方關係不全然發生在權力不對等關係，不僅涉及校園內的相關人士，也有可能發生在彼此不熟識的陌生人身上。從權力關係上，老師本身具有的社會性權力，包括所謂強制權（coercive power）、酬賞權（reward power）、參照權（referent power）、法職權（legitimate power）、專家權（expert power）等權力，在立足點上，教師具有權勢及影響力，故當學生對老師所採的負向行為，則不具有構成霸凌行為的要素，僅能認定為不當行為或暴力行為，因而校園師生衝突事件中，學生於班級課堂內因為情緒問題失控，公然傷及勸誡的教師或主任，學生的暴力行為並非是蓄意性、重複性（長期性）、隱密性，特定性（針對特定對象），因而不能以「學生霸凌教師」來描述師生衝突事件。

　　暴力傷害行為須兼具以下四個特性，才可能是校園霸凌事件：

　　校園師生衝突的情境，發生學生毆打教師或衝撞教師事情，絕對是單一事件，社會大界不應過度解讀，因為在正常情況下，學生絕對不會對教師有暴力行為，學生之所以敢傷害教師或對教師有暴力行為，有二大可能原因：一為學生個體天生的生理疾患，如情緒障礙、躁鬱症等；二為被老師激怒，教師的言行嚴重損及學生自尊或教師表現負向行為向學生挑釁，如教師看到課堂捉弄學生，言語辱罵學生如：「來學校鬼混的」、「教到你這樣的學生實在夠倒楣的」；言行挑釁學生如：「有種你打看看」、「我就不信你敢打老師」等。若是學生出現不當行為，教師的言語沒有傷害學生自尊，或以挑釁用語激怒學生，學生怎會敢出手傷害教師，或對教師有暴力行為？因為就權利分配的觀點而言，教師是強勢的一方，學生是弱勢的一群，教師除專家權、參照權外，重要的是還有強制權、法職權與酬賞權；從權力關係來看，學生也是弱勢一方。師生衝突事件中，教師不應將責任全丟給學生，教師應該省思：

　　「為何我會與學生發生嚴重的師生衝突？」

　　「為何這個學生敢出手傷害我，而不會對其他教師有暴力行為？」

「如果這個學生常常對不同教師有暴力行為，是否具有原生性疾患？

5 需經校園霸凌防制小組的確認

霸凌行為並非單純只是一件事或一個行動，而是牽涉整個動態系統的負向社會動力及濫用權力（Sullivan, Cleary, & Sullivan, 2004）。教育部明定新的霸凌行為定義，增列霸凌行為具有「其他經學校防制校園霸凌因應小組確認」的要素，各校成立防制校園霸凌因應小組，對於校園中發生疑似霸凌行為時，需經校園霸凌防制小組確認。校園霸凌一定是重大校園偏差事件，但重大校園偏差事件卻不一定是校園霸凌事件。偏差行為具備的兩大要素為：(1)具有故意傷害的意圖。(2)造成生理或心理的傷害。而其型態是可以直接觀察，處理偏差行為時主要由學校處理，處理對象則以偏差者為核心。然而，校園霸凌行為範圍較為嚴謹，除了具備偏差行為二大要素之外，尚屬具有欺侮行為、雙方勢力（地位）不對等，以及需經學校防制校園霸凌因應小組確認。處理方式可以運用學校與外在資源，以偏差者周遭影響因素為核心，遇個案發生，學校應依霸凌與一般偏差行為定義迅即判斷屬性，處理原則為：一般偏差行為應依現行輔導機制處理，並著重學生人權、品德及法治教育之預防宣導；霸凌個案則由學校輔導老師、學務處應共同給予加害、受害及旁觀學生輔導；倘行為已有傷害等觸法行為發生，應按現行規定通報警政單位協處。

據此，霸凌行為的定義係指強勢的霸凌者出於自發性的動機，欲達其工具性的意圖，滿足其控制權、安全感、玩樂等需求，將無法或不敢反抗的弱勢一方，設定為霸凌目標者，持續性施展攻擊行為或暴力，藉由言語、肢體攻擊、惡作劇、關係孤

立、性騷擾、散播謠言、網路攻擊等方式，以達到各類目的，使其獲致更多酬賞及權力，而造成受害者身心創傷的種種惡霸行為，是具有心理動力與組織的過程，並經校園霸凌行為處理小組確認之行為。

第二節　霸凌行為的類型與角色

一、霸凌行為的類型

霸凌行為的類型可依參與霸凌行為的人數，以及霸凌者採取的手段、方式加以分類。

1 依施加霸凌行為的人數區分

依參與霸凌行為的人數區分，可分為單一性霸凌行為與集體性霸凌，前者純屬於霸凌者個人對受害者的攻擊行為；後者則為參與霸凌行為者屬於集體性，除霸凌者外，尚包括煽動者、協助者，從旁刺激與協助霸凌者發動霸凌攻擊行為，或者在旁觀看、漠不關心的旁觀者。

2 依霸凌手段區分

依霸凌者所採取霸凌手段區分，可分為直接霸凌（direct bully）、間接霸凌（indirect bully）兩大類（Ireland, 2000）。

(1) **直接霸凌**：霸凌者以公開、面對面進行的攻擊行為，包括身體攻擊及言語攻擊兩種。前者是以肢體進行攻擊，常會造成受害者有明顯的外傷、破壞物品與自我傷害；後者則以言語進行攻擊，例如言語上的威脅、侮辱、嘲

笑等（Kumpulaninen, Rasanen, Henttonen, Almozvist, Kresanov, Linna, Molanen, Piha, Puura, & Tamminen, 1998；Olweus, 1993）。

(2) **間接霸凌**：係指霸凌者對受害者進行社會性關係破壞，是一種社會排擠的攻擊形式，在同儕團體中進行孤立、人際排擠、拒絕、散播謠言，使人在團體中感到困窘（Griffin & Gross, 2004）。此種霸凌類型的霸凌者的人際關係頗佳，多數是班上小團體中的領導者，運用個人群眾魅力與勢力，到處煽動其他同學聯手進行人際孤立，這種隱而不顯的行為，不容易被發現，然而被發現時通常是已經造成嚴重的影響。

3 依霸凌方式區分

依霸凌行為方式區分為肢體霸凌、言語霸凌、性霸凌、反擊型霸凌、關係霸凌與網路霸凌等六種類型（Bond, Carlin, Thomas, Rubin, & Patton, 2001）。六種常見的校園霸凌型態以圖示表示如下：

肢體霸凌（身
體上直接傷害
或破壞物品
等）

網路霸凌（藉
由網路或電子
郵件恐嚇、詆
毀、威脅等）

言語霸凌（恐
嚇、辱罵、貶
損等言語傷害
等）

常見霸凌行為
的型態或類型

關係霸凌（排
擠、孤立、離
間、使人無助
孤獨等）

性霸凌（以性
特徵或性取向
等加以貶損或
嘲諷等）

反擊型霸凌
（受害者回擊
或改對他人加
以傷害等）

(1) **肢體霸凌**：霸凌者對加害者施以踢打、推擠、拉扯、捏、
強奪等傷害方式進行攻擊。男生普遍較常運用，由於常會
造成受害者受傷，特別容易引起老師和家長的注意，而讓
事件被揭發。

(2) **言語霸凌**：霸凌者以戲弄、辱罵、威嚇、貶損、取綽號、
嘲笑、詆毀、言語刺傷、挪揄、種族議論、散播謠言、
罵髒話等進行攻擊。在校園中最為頻繁及常見，言語霸凌
是相當常見的一種霸凌形式，透過語言來刺傷、嘲笑別
人，所造成的心理傷害常更甚於肢體攻擊，學生常以言語
性霸凌進行攻擊，分別以嘲笑、諷刺、欺騙、頂撞他人、
挑釁、找麻煩居多（陳明珠，2011；鄭英耀、黃正鵠，
2010）。因為口語攻擊發生迅速、深具隱匿性，加害者不

易被察覺，卻易逃避處罰（Atlas & Pepler, 1998）。

(3) **性霸凌**：性霸凌係為霸凌者以身體、性別、性取向、性徵作為嘲諷玩笑、譏笑或評論的行為，傳閱與性有關的紙條及圖片，以及阿魯巴等，或是以性的方式，施以身體上的侵犯。阿魯巴是男性友誼的表達卻也是一種欺凌他人的方式，具有雙重性而兩者視所含的比重、視不同狀況的阿魯巴而定，阿魯巴是一種男性的下流遊戲作為學習男子氣概的操演過程。男性對本身追求男性氣概的不安或不確定，需要一次次的凝聚來安定或肯定自己（郭怡伶，2004）。

> **案　例**
>
> 　　某校一名特教男學生，常對同班女學生有不當行為，例如從後方突襲環抱女生、在女同學耳後吹氣、拍打女同學背部、拉女同學內衣肩帶等，女同學無法忍受，又無可奈何，遂集體向學校反映此一問題。

(4) **反擊型霸凌**：受害者長期遭受欺壓之後的反擊行為，有部分受害者會去欺負比其更為弱勢的人，這是受害者長期遭受欺壓之後的轉移性防衛機轉行為。有時此類霸凌行為的後果相當可怕（兒童福利聯盟文教基金會，2007）。在受害者中有三分之一本身是具有攻擊性（Brockeiibrough, Cornell, & Loper, 2002），Griffin與Gross（2004）將之歸類在受害者的族群中，稱之為攻擊型受害者（aggressive victims），或稱為挑釁型受害者（provocative victims），係指在霸凌行為中遭受霸凌，但同時也會參

與霸凌行動，具有霸凌者與受害者兩種身分，其具體特徵是故意惹怒他人，被抵抗防禦後，再被他人進行反擊而受害，通常此類受害者會引得同儕不悅，是性格衝動或易怒的挑釁者所霸凌對象，其實並非特定的被害者。此類型受害者又可稱為霸凌兼受害者，兼具有霸凌者與受害者的特質，特別是具有愛冒險、反社會的行為特質（Kokkinos & Panayiotou, 2004; Liang et al., 2007），有著最嚴重的心理社會適應與同儕關係問題。當面對挑釁者時，使用反擊都將致使挑釁者使用更多的霸凌行為來對付（Salmivalli, 1999）。

案 例

　　高二學生李建仁，惡作劇的同學對其名字取其諧音，給予一個綽號「賤人」，建仁由於個性外向希望有同學跟他互動，但是因為罹患先天皮膚疾病，同學不敢接近他，其個性原本開朗，但是被欺壓令他不舒服，且家庭教育告訴他應該做個有禮貌的孩子，自然不能回罵回去。然而，忍耐換來更多的欺負，因此決定俟機報復，每天在學校畫符咒給霸凌者，希望他們能得到疾病。在畫符咒、送符咒過程，建仁一開始是採防衛方式，詛咒同學遭到報應，後來演變到需要畫得符咒太多，建仁自覺壓力很大，有一天，建仁無法繼續忍受這種情況，尋求自我傷害來面對霸凌事件。

(5) **關係霸凌**：霸凌者透過慫恿及說服同儕排擠、孤立，使弱勢同儕被排拒在團體之外，或藉此切斷其社會連結，使其覺得被排擠。關係霸凌往往牽涉到言語霸凌，常涉及散播

不實的謠言，或是排擠、離間小團體的成員，例如在分組時故意不讓某人加入（薛靜雯，2009）。此類型霸凌伴隨而來的人際疏離感，經常讓受害者覺得無助、沮喪（兒童福利聯盟文教基金會，2007），此霸凌類型發生頻率在女生較男生為高。

(6) **網路霸凌**：運用線上對話或郵寄電子郵件，或以部落格方式發表言論與想法，展開辱罵或寄恐嚇信件、網路散布謠言或譏謗等方式，傷害程度絕不亞於面對面的霸凌行為，影響層面更為廣泛，雖不會直接造成身體受傷，卻會造成心理負面影響。霸凌兼受害者多半曾遭受網路霸凌（Li, 2006），多數霸凌者也會進行網路霸凌（Raskauskas & Stoltz, 2007）。

總而言之，直接霸凌是較易辨識的，隨著對霸凌行為有較深入瞭解後，對於間接霸凌日益重視，發現到隱而未明、不易覺察的間接霸凌，發現影響程度不下於直接霸凌，甚至遠高於所能想像。一般學生以言語霸凌是最常見，其次是性霸凌、肢體霸凌、關係霸凌，以網路霸凌的頻率較少，但網路霸零凌通常與肢體霸凌結合，霸凌者將施暴的行為錄影放置在網路上，提供網友點選，除了讓受害者丟臉外，也顯示自己的英雄主義表現。

二、霸凌行為的角色

霸凌行為中的角色，一般分為霸凌者與受害者，而又有學者將霸凌行為分為霸凌者、受害者、霸凌兼受害者。 Salmivalli、Lagerspetz、Bjorkqvist、Osterman與Kaukiainen（1996）則以

系統觀點區分霸凌行為角色如下：

1 主動霸凌者（bully）

　　主動霸凌型者是霸凌行為發生時為主角或者是策劃者。霸凌者的生理特徵，通常是體型壯碩高大、年紀較大、權勢上立於優勢地位、外表較為特出，受到同儕的歡迎（邱珍琬，2002；Olweus, 1991）。霸凌者通常性格衝動、浮誇的雄性氣概、強烈控制與支配慾望，霸凌者在霸凌他人時，是經過理性選擇，具有動機與能力，自利導向行事風格，無視受害者的真實感受，對受害者存有負向刻板印象，具有外向性、神經質、開放性高的特質（許文宗，2010；黎素君，2006；Alikasifoglu, Erginoz, Ercan, Uysal, & Albayrak-Kaymak, 2007; Eslea, Menesini, Morita, O'Moore, Mora-Merchan, Pereira, & Smith, 2004）。部分因缺乏朋友在下課時間特別容易感到孤單，感覺被其他同學排擠，缺乏安全感而感到不快樂、憂鬱、心理不健康，常須忍受精神疾病、飲食異常行為的狀況，並曾遭受精神虐待，對受害者無法表現同理心，容易誤解同儕而出現攻擊行為，以補償其自尊與信心，藉以提昇自己的社會地位，受其隸屬團體所接受，自認結交朋友相當容易，結交朋友不乏同是霸凌者（Carney & Merrell, 2001; Dake, Price, & Telljohann, 2003; Rigby & Thomas, 2003; Schaefer, 2007; Schwartz, Proctor, & Chien, 2001; Smokowski & Kopasz, 2005）。

2 煽動霸凌者（rein-forcer）

　　煽動霸凌者通常是在現場叫囂、助長、鼓躁、煽動著霸凌者的情緒，致使霸凌者陷入瘋狂的情緒當中，但煽動霸凌者卻從不出手欺負受害者。煽動者通常知道動手之後的後果，但會藉由他

人的力量去懲罰自己看不順眼的人，有種看好戲的心態。

3 協助霸凌者（assistant）

　　協助霸凌者主要任務在於協助主動霸凌者能夠順利得逞霸凌行為，由於協助霸凌者與主動霸凌者的關係良好，協助霸凌者會聽令於主動霸凌者，但不會主動發起霸凌行為。協助霸凌者對於暴力持認同的態度，喜歡與霸凌者在一起，對霸凌者有忠誠度（inmate loyalty），相互分享、信賴與犧牲，通常擔任霸凌者的打手，服膺霸凌者的指示，雙方關係是一種共生互惠的關係。

4 保護受害者（defender）

　　保護受害者是指發現有霸凌時，稟持公平正義感主動制止霸凌行為，站在受害者的立場以停止霸凌行為、安慰受害者，或是向師長求救，希望師長能夠出面處理霸凌行為。保護受害者是最有機會拯救受害者，如同儕皆能見義勇為的話，那麼隱晦不明的霸凌事件將有可能終止。

5 局外者（outsider）

　　局外者是唯一不對霸凌事件有任何動作，當霸凌行為發生時，總是不在場，或者是裝作若無其事，甚或有人從未看過霸凌行為。局外者認為霸凌事件與自己無關，不想淌渾水，給自己帶來不必要的困擾及麻煩，因此不介入霸凌事件之中。亦有學生本身在班上屬於邊緣人物，下課的時候，總是跑到其他地方去找朋友或去找老師，常不在班上或不將班上事務放在心裡，如果當其發現發生霸凌事件時，通常視與局外者的特性、與受害者關係親疏，以決定是否要介入此事。

6 受害者（victim）

　　受害者是被主動霸凌、煽動霸凌、協助霸凌者所霸凌對象，

霸凌議題與校園霸零策略

可能會受到直接霸凌、間接霸凌。受害者分為順從型、挑釁型、受虐型、援求型的受害者，順從型受害者常以逆來順受來因應害怕，挑釁型受害者常是攻擊與順從的爆發，受虐型的受害者對於霸凌者的折磨常視為一種值得的獻祭，援求型受害者將殘酷型霸凌者視為有能力改革者，以臣服順從的關係相對應（黎素君，2006）。

受害者的生理特徵為醜陋、髒亂、身體異味、健康不佳、瘦弱、年紀小、肥胖、精神疾病、飲食異常、弱勢族群、低社經家庭、少數民族、混血兒、新移民、身心障礙者，特別是學習障礙生（邱珍琬，2002；洪福源，2003；West & Salmon, 2000）。缺乏社交技巧、怪異行為、言行失當、情緒失控、侵犯行為，常因惹惱他人及被看不順眼而引來霸凌禍端（鄭英耀、黃正鵠，2010）。具有安靜沉默、害羞內向、神經質、敏感不安、緊張焦慮、孤獨寂寞、過於依賴、缺乏安全感、自卑退縮、自尊與自我價值感低落、負向認知、自責沮喪、消極悲觀、順從、不快樂、自殺意念、不謹慎、開放性高、自閉、欠缺自保能力、謹慎而有自制力等特質（許文宗，2010；Yoneyama & Rigby, 2006；O' Moore, 2000; Rita, 2003; Smokowski & Kopasz, 2005; Wal et al., 2003）。

由此可知，霸凌現象是一個動態的系統現象，包括積極與非消極的參與霸凌者。霸凌行為影響的層面甚廣，除當事人外，學生對於霸凌行為所產生的反應也有極大的不同。

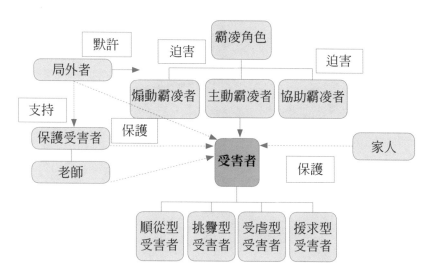

資料來源：陳明珠，2011。

第 2 章

霸凌行為的相關理論與危險因子

霸凌事件與班級爭執吵架引發的暴力行為或衝突引發的傷害性是明顯不同的，一時爭執、衝突、吵鬧引發的攻擊性行為，許多加害者是因為被激怒，或一時情緒失控才會出手傷害對方，這種發生於班級中的傷害行為，教師及多數同學容易察覺，教師也較易處理，因為其背後原因較為單純，加害者行為改過的機率較高；但霸凌事件中，學生會變為主動加害人或協助加害人，其整體的原因是較為複雜的，許多加害人對於受害人的傷害是沒有緣由的，或其所列舉的原因是千奇百怪的（其說明的原因都不能成為霸凌他人的緣由），導致加害人持續故意的對他人加以傷害或欺凌的原因多數是多重因素導致，不能單從行為模式加以檢視，必須從當事者所處的生態及脈絡加以探究。

第一節　霸凌行為的相關理論

霸凌行為理論可分別從生物醫學理論、歸因理論、社會訊息歷程模式、依附理論、社會認知理論、精神分析理論、挫折攻擊理論、社會學習理論、家庭系統理論、暴力路徑發展理論、社會互動理論、生態系統理論等觀點來理解，藉以瞭解霸凌行為產生的原因，茲介紹如下：

一、生物醫學理論

生物學理論強調生物基礎因素是導致青少年之行為與心理變化的主要原因，成長與行為是由內在的成熟趨力所控制，而外在環境的影響是微不足道的。

1 遺傳學

　　青少年處於狂飆期，常擺盪於情緒蹺蹺板之兩端，主要是受到基因遺傳的影響。以人種學的觀點來解釋攻擊行為，認為各物種都有其遺傳的攻擊行為模式，攻擊乃是所有物種的生存本能（王守珍譯，1996）。遺傳因素會影響孩子是否成為霸凌者、受害者、霸凌兼受害者（Ball et al., 2008）。

2 神經生理學

　　人類腦部功能異常與缺陷，常影響個體的認知、情緒、行為模式，極易產生敵意、衝動、易怒、低自我控制、社會適應困難、攻擊行為、反社會行為（許春金，2003）。

3 生化學

　　生化因素可能跟攻擊行為有關，缺乏維他命或礦物質可能會導致腦部發展不健全，極易產生偏差行為；反社會行為、暴力行為與血液中缺乏葡萄糖的低血糖症有關（蔡德輝、陽士隆，2001）。

二、歸因理論

　　Heider（1958）提出歸因理論（Attribution Theory），解釋行為原因時，歸類為兩大原因：情境歸因（situation attribution）與性格歸因（dispositional attribution），前者是將行為之發生解釋為情境（或環境）因素使然，又稱為外在歸因；後者則將行為之發生解釋為當事人的性格（或心理）使然，又稱為內在歸因。當在解釋別人的行為時，傾向採內在歸因；對自己行為做解釋時，則採外在歸因。在歸因取向上有兩大原則：一為歸因共變原

則，對行為的原因與結果看成是彼此的共變關係，而非單純是一因一果的關係。其二為歸因折扣原則，對行為的解釋不歸於肯定的唯一原因，認為除某原因之外，可能還有其他原因存在。歸因理論的功能除解釋行為外，也用以預測行為（張春興，2000）。Dodge（1998）研究指出，男生比女生更有敵視的外在歸因，具有攻擊行為的男孩將其行為歸因為同儕的行為，導致其採取霸凌行為予以報復。霸凌者通常選擇性回憶其敵視線索，並杜撰新的線索（Orpinas & Horne, 2006）。

三、社會訊息歷程模式

社會訊息歷程模式（Social Information-Processing Model）提供一系列有關瞭解個體的社會適應之五個步驟，步驟間並不必然是存在線性關係，個體發展是透過對社會情境闡釋與回應。1.個體從社會情境中編碼內在與外在訊息；2.解釋這些線索，線索選擇機會及對敵對的歸因扮演著重要角色；3.在解釋情境後，個體選擇目標，攻擊者可能報復他人，以保住地位與面子，並獲取社會性酬賞；4.個體思考他們可能的回應，發展一套新的行為模式，以作為未來類似情境可茲運用的策略。霸凌者希望能獲得滿意的結果及對自我有更多的信心；5.個體表現其所選擇之反應（Crick & Dodge, 1994）。

四、精神分析理論

Freud（1936）提出精神分析學派（Psychoanalysis Theory），主張人有死的本能，當死的本能表現出來時，人就會表現攻

擊行為，當人們受到挫折時，會產生攻擊行為，暴力行為則是人類攻擊的主要方式。偏差行為乃尋找替代性滿足的一種象徵，早期發展不健全的小孩會尋找所失去的滿足。暴力、虐待、攻擊等行為可謂為死之本能的表現，所以暴力或攻擊行為的產生是個體潛意識中死之本能的反應結果（引自許春金，2003）。

五、依附關係

Bowlby（1958）首先提出依附理論（Attachment Theory），人與人間強烈而持久的情感連結關係，特別是嬰孩與主要照顧者（通常是母親）間所建立的情感連結，會形成個體的內在運作模式，主要是透過個人的認知與情緒兩種反應間接影響個體的行為，進而影響到日後的人格、與他人的關係型態及與他人情緒連結的型態（Collins & Read, 1994）。早年被剝奪的經驗會引起兒時的憤怒、攻擊、焦慮與緊張，這將阻礙到與他人建立信任關係。攻擊是與母親或主要照顧者的關係受挫及不滿足有關；努力渴望獲得父母與主要照顧者的注意，但因父母與主要照顧者的忽視，致使其發展出分裂的行為；孩子發展出焦慮與不安全依附關係，很難建立正向關係與攻擊他人，雖然個體理解到這是一個可能的威脅，在校園環境中，由於缺乏信任感，使其感到憤怒與不安全感，容易轉換為暴力（Orpinas & Horne, 2006）。

六、社會認知理論

社會認知理論（Social-Cognitive Theory）係指個體根據其對人的知覺，當作訊息來處理，將之分類、貯存，必要時檢索出

來，做為對人判斷之用，提出交互決定論，認為個體、行為與環境將持續互動，透過增強強化其行為。透過觀察、互動、致力於社會關係，藉由觀察與示範學習到行為、情緒表現，運用酬賞增強學習良好的行為，以懲罰來抑制不良的行為。個體從社會環境中，如家庭、同儕與學校方面學得社交技巧，個體學習以攻擊作為解決問題的方法，受虐孩子傾向以攻擊行為回應。

七、社會學習理論

　　Bandura（1973）提出社會學習理論（Social-Learning Theory），強調成人角色楷模對青少年的影響是身教遠勝於言教，認為攻擊行為是透過模仿的歷程而學得，可能有心或無意的學習。觀察模仿的過程中包括三項重要因素：要有楷模作為模仿對象；楷模行為呈現後，模仿行為要在短暫時間內出現；由模仿而習得的行為要增強。造成模仿作用的途徑來自家庭、次文化、表徵符號等的影響。個體模仿攻擊行為，有五種誘發個體表現攻擊行為的因素，分別是：楷模的影響、嫌惡的遭遇、激勵物的引誘、教導性的控制、奇異的表徵控制，表現攻擊行為後獲得增強將強化其行為。

八、家庭系統理論

　　家庭系統理論（Family System Theory）強調家庭成員間的複雜的互動。家庭系統中包括父母次系統、夫妻次系統、子女次系統。家庭被視為許多相互聯結的單位，在次系統中發生衝突，將影響其他系統及整個家庭（Bowen, 1985）。當孩子被稱為霸

凌者或攻擊者時，其行為乃是家庭單位失功能的標記，孩子的行為反映出家庭脈絡出了問題。單一的家庭系統發生壓力狀況，並不會單獨引起孩子的攻擊行為，但孩子與師生及同儕發生衝突，其實與多重家庭系統發生問題有關，特別是父母系統與親子系統（Ingoldsby, Shaw, & Garcfa, 2001; Orpinas & Horne, 2006）。

九、社會互動模式

社會互動模式（Social Interactional Model）主張每個孩子皆有與生俱來的特質，如氣質、智能、歸因等特質將會隨著年齡成長而有所變化，當孩子受到不良親子關係及社區因素的影響，進而產生攻擊行為。在家庭因素對子女行為產生影響，諸如父母親的特質（如精神疾病、反社會行為、對壓力相當敏感）、父母管教態度不一致、家庭壓力（失業、婚姻衝突、離異、單親）、家庭暴力與父母親忽視。由於早年親子互動不佳，而導致子女的行為發生問題，未能學習到正確互動模式，因拙劣的社交能力與技巧，無法結交到好朋友，未能滿足其隸屬的需求，人際上處於邊緣地帶，導致逐漸對學校失去依戀與聯結，學習興趣索然，終致低成就表現，或因被同儕拒絕、孤立、侵犯，心存恨意，意圖挾怨報復，可能表現出非行行為。社區文化對兒童與青少年有高度影響，如高度的犯罪率、藥物濫用、交通違規、幫派、社區缺乏凝聚力、社區貧困與缺乏資源（Horne, 1991; Orpinas & Horne, 2006）。

十、暴力路徑發展理論

暴力路徑發展理論（Violent Circle Theory）個體在青春期早

期時發生暴力行為,可預測其未來發生犯罪行為、暴力行為的狀況將增加。並非所有的攻擊者在孩童時候都被視為攻擊者,但早期生活會影響其暴力行為的發展,早期攻擊性將增加其日後其暴力行為,只有推論到男生方面,不能類化到女生方面(Orpinas & Horne, 2006)。

十一、挫折攻擊理論

當個體遭遇挫折時,將無法達到既定的目標以獲得滿足,此時會以攻擊行為來回應所遭遇到的挫折。另外,Berkowitz(1990)提出「線索喚起理論」認為:挫折所引起的只是一種未分化的喚起狀態,如果在個體所處的環境之內,沒有給予導引的線索,則不會朝向特定的反應形式。若環境中有提示攻擊的線索存在,個體就有可能採取攻擊行為,若有線索提示攻擊行為將不容於社會,則個體便會抑制攻擊行為(蔡德輝、陽士隆,2001)。

十二、生態學模式

Bronfenbrenner(1979)則發展出一種用以理解社會影響的生態學模式(Ecological Model),青少年即在各個系統的中心位置(引自連廷嘉、黃俊豪譯,2004)。對青少年最具立即影響的就是微系統之內所包含的那些可觸及對象,家人即是主要的微系統,接著是朋友和學校,其次為宗教團體、鄰近遊憩的地區與社會團體。微系統會隨著青少年進出不同的社會情境而變動,同儕微系統在青少年會增加其影響力,提供接納、友誼與地位等

強而有力的社會性酬賞；同儕團體也有可能產生負面影響，要瞭解青少年的社會發展，最好能將各種影響來源加以連結考量。家庭經驗會關聯到學校生活的適應、家人特質關聯到同儕壓力。霸凌者比同儕有著更高機率是來自權威式管教（57%）、家庭衝突（12%）、責罵家庭（35%），並在學校和家庭的暴力環境耳濡目染之下，孩子易將老師、同儕或家人的暴力行徑套用、內化成自己的人際關係模式，進而影響其暴力行為及價值觀（兒童聯盟協會，2007）。

十三、社會控制理論

　　Hirschi於1969年提出社會控制理論（Social Control Theory），亦稱社會鍵理論（Social Bond Theory），認為在社會化過程中，人和社會建立起強度大小不同的社會鍵，可防止人去犯罪。社會鍵的要素有四：依附、奉獻（commitment）、參與（involvement）、信仰於家庭、父母、朋友與學校以及其他社會機構或活動等，如果青少年與社會、家庭建立強而有力的連結時，便較不輕易犯罪，當子女愈依附於父母，則愈習慣與父母親分享其精神生活，並視父母是其社會與心理活動的一部分；當考慮從事違反法律行為時，不會忽視父母親對他的感情，連帶也降低犯罪的可能性（許春金，1990）。

　　綜合上述，各理論學者對於霸凌行為提出不同的見解，或從生物學觀點、社會學習觀點、挫折攻擊理論、生態學模式、精神分析理論皆認為霸凌行為深受身心發展、發展歷程、壓力及環境學習的影響。霸凌行為是一種學習所發展出來的行為，亦是因

應挫折所採取的防衛機制,從權力不對等觀點而言,霸凌者即使在同儕互動中,在立足點上理應平等下,仍淪為霸凌行為的加害者,將受害者列為目標物,並且持續施加不對等的權力控制與攻擊。

第二節 霸凌行為的危險因子與保護因子

霸凌行為的危險因子與保護因子,可從個人因素、親密關係、學校環境因素、社區、文化與大眾傳播媒體等因素(Orpinas & Horne, 2006),將分別說明如下:

一、個人因素

有關個人因素方面的危險因子及保護因子,包括性別、學業方面、對暴力的認知與態度、行為模式、身心狀況等,分述如下:

1 危險因子

(1) **男生是成為霸凌行為之危險因子**:男生是霸凌行為的高危險群,在各類型霸凌上皆高於女生,與男生具有崇拜英雄主義、好爭鬥、易怒、衝動、煩躁、適應力差、操控性、激進等先天特質有關。

(2) **學業低成就者容易成為霸凌者或受害者**:霸凌者的學習動機低落、不易專心、不喜歡上學、曠課(Alikasifoglu et al., 2007;Dake, Price, & Telljohann, 2003)。

(3) 透過攻擊行為獲取高效益者、支持暴力的信念者、外在歸

因者易成為霸凌者。霸凌者藉由霸凌以獲取所欲得的物質，或為掌控完全的權力與優勢，將問題外在歸因，對暴力持正向態度，喜愛觀看暴力性節目、逞凶鬥狠、酗酒、吸毒、暴力、反社會、犯罪。

(4) 不少無法解決問題、缺乏解決問題技巧者容易成為霸凌者，誤解霸凌方式能立即解決問題的不二法門。霸凌者視暴力為解決問題的方式，亦可能為了宣洩來自於升學壓力與生活挫折的負向情緒，即將挫折轉化為攻擊行動。

(5) 酒精與藥物濫用、攜帶武器、參加幫派等高危險行為者，易成為霸凌者。

(6) 過動症或學習障礙者，易成為受害者或霸凌兼受害者。

2 保護因子

(1) 女生較不易成為霸凌者。

(2) 學業表現良好、高度學習動機、良好閱讀習慣、熱衷參與學校活動。

(3) 具有誠實、友善、平和及尊重等正向價值觀。

(4) 擁有良好社交、問題解決技巧能力與目標導向者。

(5) 具能正向自我認同、高自尊、生活充滿意義感，對未來有正向觀點。

(6) 使用時間建構，有時間觀念。

二、親密關係

　　親密對象包括與父母、主要照顧者及朋友的關係，分述如下：

1 危險因子

(1) **與父母、主要照顧者的關係**：親子關係不佳，缺乏正向溝通，子女常以憤怒顯現自我；父母本身未盡管教與督導責任、對負向行為未加以設限與未賦予其責任；顯現高度攻擊、暴力、虐待行為及支持暴力，父母對霸凌者採取拒絕型教養態度。父母親通常對男生採取放任、少限制、權威的管教方式，缺乏同理心或是認同暴力行為，使男生較具支配性與攻擊性，較易成為霸凌者。

(2) **與朋友的關係**：常與霸凌者、損友從事違法或攻擊行為，並且會匯集形成幫派，終日群聚廝混，無所事事，有抽菸、喝酒或藥物濫用習慣。

2 保護因子

(1) **與父母與主要照顧者的關係**：父母及主要照顧者提供關愛與照顧、彼此正向溝通、有清楚的行為規範，能讓使子女瞭解行為之因果關係，是能理性示範解決衝突方式及控制情緒，常參與學校各項活動及與子女分享活動點滴。

(2) **與朋友的關係**：同儕關係是正向、關懷、照顧，能建立支持網絡與彼此切磋功課。

三、學校環境

　　學校環境方面的危險因子與保護因子，包括學校氣氛與文化、師生互動、教學環境及對低成就學生的協助，重視學校潛在課程的學習等方面，茲分述如下：

1 危險因子

當學校風氣與文化普遍不良時，學校亦不倡導師生正向互動與良性關係，在發生事件時，老師無法有效與合理監督學生，一般學生對老師處理事情感到懷疑及不信任，行為失當的學生，未受到合理處罰，更有恃無恐地為所欲為，甚至有些學生有樣學樣。學校在處理霸凌事件時，缺乏有效的反霸凌策略，無力預防與制止霸凌行為；對犯過者僅採取懲罰機制，霸凌學生仍然無法學習到有效的人際互動與解決問題方法。

2 保護因子

學校有正向的學校氣氛、鼓勵師生正向、良性關係、能提供高度監督、對校園霸凌事件有清楚明確的處遇策略、增進優質化的教學環境與方法、提供孩子改善學業表現與參與有意義學校活動的機會、對於每位學生有高度期待。

四、社區、文化與大眾傳播媒體因素

社會文化方面的危險因子與保護因子，包括對暴力文化的態度、大眾媒體的社會化、教育化的功能等，分述如下：

1 危險因子

(1) 社區內失去教育功能與休憩環境，到處充斥高度的暴力現象，社民支持暴力文化，甚至於在社區內容易取得武器、刀械、手槍等。

(2) 大眾傳播媒體散播有關暴力資料及影片，造成學生學習與仿效。

(3) 未管制網際網路的使用，學生便利掌握資源，以及利用散

播不實言論與霸凌影片，不惜揭人隱私，造成社會輿論。

2 保護因子

(1) 社區能發揮功能，重視青少年的價值觀與教育，能和平解決衝突，社區提供有效監督與協助解決問題，且能尊重多樣態的文化。

(2) 大眾傳播媒體具有教育性功能，提供教化人心之節目與各類表演，傳遞社會善良風俗。

根據Orpinas與Horne（2006）所提出的霸凌行為的危險因子與保護因子，整理如表2所示。

表2 霸凌行為的危險因子與保護因子

危險因子	保護因子
個人因子（人際因子）	
孩子	孩子
・男生	・女生
・低學業表現	・學業表現良好，有良好的學習動機與喜歡閱讀學習
・高效能攻擊	
・希望運用攻擊獲得成功	・熱衷參與學校活動
・支持暴力的信念	・表現正向價值觀，如誠實、友善、平和及尊重
・外在歸因	
・缺乏問題解決技巧	・擁有社交能力
・顯現其他高危險的行為	・能正向自我認同
・過動或學習障礙	・使用時間建構

（續）

危險因子	保護因子
親密關係：家庭與同儕	
父母與主要照顧者	父母與主要照顧者
・關係不佳	・提供關愛與照顧
・溝通不良	・正向溝通
・未善盡管教督導之責	・有清楚的規擇與因果
・對於負向行為並未設限	・衝突解決、控制與限制的角色示範
與承擔	・涉入學校生活
・顯現高程度之攻擊、暴	・分享活動
力、虐待	朋友
・支持暴力	・正向與照顧
・拒絕	・喜歡學習
朋友	
・違法或攻擊	
・抽菸、喝酒或藥物濫用	
危險因子	保護因子
學校環境	
學校	學校
・負向的學校氣氛	・正向的學校氣氛
・不鼓勵師生正向、良性	・鼓勵師生正向、良性關係
關係	・提供高度的監督
・缺乏監督	・對霸凌有清楚的策略
・缺乏反霸凌策略	・增進優質的教學
・允許成人對孩子進行霸	・提供孩子改善學業表現的機會
凌	・提供參與有意義的學校活動
・採取懲罰的機制	・對於每位學生有高度期待

（續）

霸凌議題與校園霸零策略

危險因子	保護因子
社區	社區
・有程度的暴力現象	・重視年輕人的價值觀、教育及和平解決衝突
・支持暴力的文化	
・大眾傳播媒體播放高程度的暴力	・社區提供孩子有監督的活動
	・社區力量可以解決問題
・容易取得武器	・多樣態的文化
・未管制使用網際網路	・大眾傳播媒體是具有教育性

資料來源： Orpinas & Horne, 2006.

霸凌他人藉口千奇百怪（七賢國小六年級楊文嘉同學繪製）

受害人的無助與懼怕（七賢國小六年級楊文嘉同學繪製）

第 3 章

不當行為與霸凌問題

許多霸凌事件中的施暴者，在常規管理中常出現不當行為或違反紀律的行為，這些行為常干擾教師教學活動的正常進行或同儕間的學習活動，如果任課教師或班級老師對於這些學生的不當行為或違犯紀律行為視而不見，或處理不當，之後這些學生便可能有恃無恐，變本加厲，變為霸凌事件中的施暴者或欺凌者；相對地，若是教師對於學生班級中的不當行為或違反常規行為能有效輔導管教，則學生的不當行為可大大減少，違反常規行為及霸凌問題更可減少許多。班級中不當行為或違反紀律行為學生減少，表示班級的常規管理得宜，教師班級經營的方法有效，多數學生能夠信服也能實踐篤行，學生「聽得到，更能聽得進去」，班級經營中學生的暴力行為或攻擊行為減少，或沒有被老師視為「頭痛」的人物，則班級學生較無可能成為霸凌事件中的施暴者或潛在施暴者。

第一節　學生不當行為的類型

　　Rudolf Dreikurs認為學生不當行為的目的不外是引起教師注意、獲得特權（尋求權利）、作為報復或展現其他不適切行為─避免失敗（failure-avoiding）（吳明隆，2010；張倉凱譯，2011；Hardin, 2008）。學生不當行為的背後原因，有時非單一因素，可能是多種因素交互作用引發，四種最常見的可能目的如下圖：

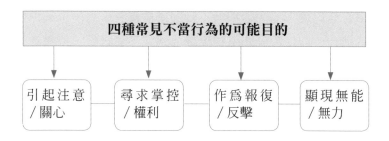

一、獲得注意

　　當學生感受到自己在班級中沒有價值或被教師、同學忽略時，會以不當行為的形式來引起別人的注意與認同，如故意捉弄同學、任意拿同學東西、未經老師同意即大聲回答等，「無聊」是導致學生學習意願低落和引起注意行為的主因。此類型學生的一般行為特徵為：上課遲到、沒有經過老師允許在上課任意講話、製造噪音、隨意與同學交談、離開位置任意到處走動，或是藉故走到其他特定的地方，如常到垃圾桶丟東西或到某些特定同學位置借物品、蓄意破壞秩序等，這類型的學生若是未達到想要的目的，不當行為可能變為：大聲吼叫及口語攻擊同學、當面違抗老師的告誡等。

　　想引起教師或同學注意的學生，可能平時與教師的互動很少，行為表現或學習活動受到教師或班上同學的忽視，因為被人忽視所以才會想要引人注意，但這類型學生想引人注意時，無法由突出的學業表現，或特別的學習活動，或競賽結果等來突顯自己，讓同儕及教師注意，因而採用負向可引起他人注意的行為模式來表現，教師平時若是能對學習感覺無聊、學習動機不佳、低學業成就者加以關注與對談，則此類型學生的不當行為自會減少；此外，對表現慾較強或高估自我能力者，想參加各類比賽或

作為學習活動領導者，但卻得不到同學支持者，老師也應提供其表現的舞台，即使教師知道結果或成績定不會很好，但教師應給學生機會，尤其是有意願、有興趣的學生，給學生機會，就是給學生肯定，學生受到教師肯定與認同，自會信服接納老師，不會表現其餘不適當行為來吸引教師注意。

二、尋求權利

尋求權利（power seeking）的學生會反抗班級規範或教師權威，以印證自己在班上的重要性。學生為尋求權利、掌控他人，通常會違反班規、爭辯、說謊、頂嘴，為反抗而反抗，甚至傷害或攻擊同學。學生之所以想追求權利是因為他們害怕失敗、害怕被同學排拒、害怕不被接受，這類型的學生並不是沒有脾氣，相對的而是誤用脾氣，老師如果嘗試要制止或限制這類型的學生，就會發生學生和老師間的權利鬥爭，在此情境下，學生試著會以控制大人來取代引起注意的行為。尋求權利會和老師抗辯、會說謊、會有易怒的脾氣，或會質疑老師的能力，較年長的學生會直接以口語頂撞老師，學者Albert（1996）稱此行為為「律師症狀」（lawyer syndrome），某些尋求權利類型的學生是被動的，但他們的行為表現總是令人無法贊同。班上若有這種類型的學生，老師可能面臨身體或專業的威脅。

由於尋求權利的學生有極端的挫折或失敗經驗，他們缺少正向領導能力特質，欠缺果斷力及獨立思考能力，老師若能加以啟發輔導，公平有效的處理班級事件，則能減少這類型學生不適當行為的出現。這類型的不當行為包括：表現焦慮、不安；可能常出現學習厭倦或頭痛的症狀；可能藉由不當行為來獲得他想要的

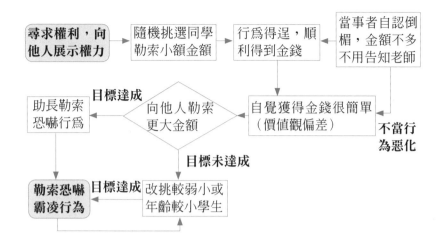

權利，展現個體是有個有能力者；時常嘮叨地抱怨、責罵或怪罪別人；課堂中試著支配老師或控制其他同學；會有權力主義者之高高在上的態度。

　　尋求權利之不當行為，控制他人的對象如果是同學，則可能成為衝突吵架行為（也可能變為打架事件），此種學生間的衝突打架事件，一般發生在其餘同學看得到的地方，因而老師很容易得知，因為衝突吵架的雙方通常是權利對等的二人。但如果尋求權利同學之不當行為從教室內延伸至教室外，從課堂互動情境中擴大移至校園內任何處所，從校園內擴大至校園外，則違犯規則紀律行為可能從一般不當行為類型變為霸凌行為。

　　以上圖勒索行為為例，起初當事者只想顯示控制他人的權力，誤打誤撞向學校學生勒索到小額金錢（當事者可能會以急用、商借或暫借多少錢，之後有錢再還為理由），當事者拿取金錢後，受害者並沒有告知老師，加上金錢不多，受害者也不想追究或要求當事者還錢（也有可能受害者認為金額不多，沒有記在心上），當事者誤認受害者是懼怕其權利，因而只能乖乖順從，

漸漸有了偏差的價值觀，之後，當事者只要沒有錢便會向他人勒索，勒索過程中若是對方比當事者壯碩或高大，當事者目標行為可能無法達成，為順利要到金錢，便轉向特定的目標下手，如比自己弱小或體型矮小的學生，受害者如果懼怕當事者的權威或恐嚇，不敢向父母或老師舉發，則當事者便成為霸凌事件的施暴者。

三、作為報復

當學生長期挫敗、缺乏歸屬感，無法由引起注意或權利尋求來獲取他人重視，就會採用報復的行為方法。教師及其他學生都可能成為學生憤怒生氣或痛苦發洩的對象，而學生憤怒生氣或痛苦可能是個人所處情境造成的結果（如來自破碎家庭、父母親失業或種族偏見），而非是班級環境引發的。尋求報復的學生會認為每個人都與他對敵，他們認為老師及班上同學對他們不公平，忽視他們的感受，及傷害他們，這類型學生心中誤認班級中沒有人喜歡他們，因為以上錯誤的認知或不當信念，讓這種學生很容易挑釁班級的同學，進而破壞和諧的班級氣氛。

尋求報復（revege-seeking）的學生認為直接傷害別人，可以提昇其自尊及在班級的地位。此類學生通常外表凶惡、懷有敵意（內心可能是懼怕的），其報復手段包括偷竊同學財務、破壞同學物品、踢撞同學、表現暴力行為等，這類型的學生除會對同學有威脅外，也會威脅到老師安全，他們可能是霸凌的加害者，或變為霸凌的協助加害者，其明顯共同的行為特徵就是採用暴力行為傷害他人。會以報復為手段的同學，通常是無法有效處理同學間的爭執吵鬧，憤怒情緒行為無法自我控制或有效宣洩，有這種不當行為的學生，班級教師必須傾聽及重視他們的感受，若

是教師不能採用正向管教策略，以懲罰或責備怒斥的方法，只會擴大學生的不當行為。尋求報復學生的行為特徵包括：批評教室的一切，包括教師或其他同學、老師的教學及管教方式；喜愛吵架；常問為什麼；疏離人群或孤僻，或是喜愛作白日夢；不遵守規則，老是依照自己所想或自己喜愛的方式去做；批判班規，特別是他們不贊同的某些班規；目中無人、自視甚高。

四、顯現無能

　　顯現無能的學生會將自己孤立起來，被動或拒絕參與班級群體活動，不與班上同學互動。外表上看不出此類學生有任何的不當行為，但實際上，此類學生的學習是消極的、被動的。此類型學生的行為特徵包括：不太或不想理睬老師；不願意或不想參加任何學習活動；對於結果會有過度的反應；課前不會準備學用品或作預習功課；作業馬馬虎虎，無法達到老師訂定的期望水準；喜怒無常，悶悶不樂或是會譴責失敗的同學。顯現無能的學生通常是自暴自棄的學生，其中一個重要的因素是學生長期學業成就的低落，因學業成就低落，學習動機不高、行為懶散，進而影響同儕關係，班上多數同學不想與之交往或分在同一組，此類型的學生如果沒有得到老師適時的激勵或關注，則會變成另類的問題學生。

　　上述四種不當行為中，尋求權利者、作為報復者、引起注意者、顯現無能者都有可能成為霸凌的主要施暴者或協助施暴者，尋求權利者、作為報復者、引起注意者主要會惡化為施暴者或欺凌者；而顯現無能者通常會成為霸凌問題中的受害者。許多霸凌

行為是學生不當行為惡化而來，如有位尋求權利者，有次威脅班上某位同學，如果沒有給他二十元就要揍他，受害同學因懼怕被威脅者打，所以給他二十元，尋求權利者起初是讓同學知道他是有權利可以控制他人者，勒索威脅的對象是隨機挑選的，結果真的成功要到二十元，之後重施故技，隨機勒索威脅別的同學，但這位同學根本不理他（因為不怕尋求權利同學，雖然比較矮小，但可能比較壯碩，所以不怕勒索者），則尋求權利者可能又再次以第一次的受害者為對象，如果沒有人向老師舉發，或受害者沒有向家長告知，則被勒索的金錢會愈來愈多。

　　獲得注意雖然只是不當行為型態之一，但若是老師沒有輔導管教，則學生不當行為也有可能變為霸凌問題，一位長期受到班上同儕漠視或老師忽視的學生，想要引起全班同學對他的關注，可能對少數特定的弱小同學加以欺凌，如常常故意把同學的物品藏起來藉以引起老師的注意，故意幫同學取不雅綽號，藉以引起全班同學注意，若單以喊叫方式無法達到受人注意的目的（大家不要忘記班上還有我這號人物或我這個人），會增列以紙條方式書寫不雅綽號並張貼於受害者背上，或張貼於教室的布告欄中，藉以讓其他同學看到，被不端取綽號者便成為事件中的受害者。起先，施暴者只是藉由不當行為引起師生注意，但發現教師或同學關注程度很低，便會增強其不當行為或採取更極端方法來欺凌同學。

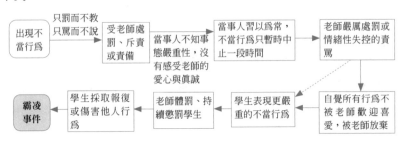

　　尋求報復者堅信傷害、欺凌他人可以提昇個體的自尊感，及自己在班上的重要性，也唯有藉由報復或直接性反擊才能讓他人重視自己會，他覺得或自認為「我不是那麼好欺負的」、「得罪我，就是這種被打的下場」、「誰叫你要告訴老師，雞婆（多嘴）就是這樣」、「看你以後還敢不敢亂動我的東西」等，尋求報復者本身即懷有敵意與攻擊意向，如果老師再採取懲罰、斥責策略，不但其行為無法矯正，可能會因老師的大聲責罵及處罰，而將怒氣或原因怪罪於其他同學，以破壞同學物品、有意傷害同學等攻擊行為來報復，此種報復行為若是老師沒有好好處理，即會擴大為班級的霸凌事件。教師對一般學生不當行為或違反紀律規則行為，如果沒有謹慎處理或是處理方式不當，可能使一般的違反紀律規則行為擴大為霸凌事件，如教師對打人或有輕微攻擊行為的同學未採用輔導管教、說理告誡，並請家長協助敦促約束，直接採用怒吼斥責、處罰甚至體罰等負向管教方法，則不僅無法遏阻學生不當行為的發生，還可能激怒學生，使學生對他人產生怨恨或報復心理，之後蓄意並重複一再的傷害對方，採取更有傷害性的暴力行為，並語帶威嚇受害者，若是再告知老師，會讓其「死得很慘」，延伸了另一件校園霸凌事件，此種霸凌行為的前因後果脈絡圖如下：

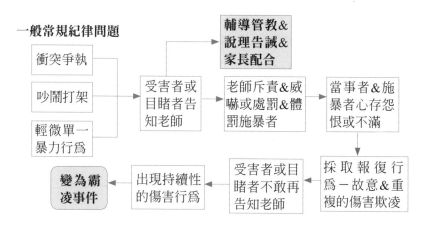

霸凌議題與校園霸零策略

　　這種由偶發性的不當行為引發的霸凌事件，或因教師處理不當使暴力行為惡化，或是教師沒有介入學生不當行為的處置，促使傷害或欺凌行為擴大，在班級經營中稱為「蝴蝶效應」（butterfly effect）。「蝴蝶效應」一詞由行政管理理論延伸而來，其內涵為「巴西的蝴蝶展翅，德州就可能颳起颶風」，意涵指的是組織系統間均有微妙的連結，某個起始狀態沒有處理好，會導致最後整個系統的崩裂或瓦解。其在班級經營情境中的應用指的是班級內細小事件若沒有謹慎有效處理，最後可能會導致一發不可收拾的窘境，蝴蝶效應於班級經營的應用內涵與「漣漪效應」一詞類似，班級經營中，許多親師生衝突、同儕間衝突都是蝴蝶效應產生的。四種不當行為可能衍生為不同霸凌事件中的角色如下：

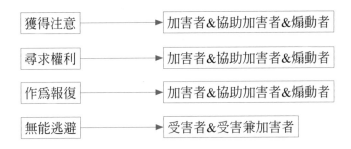

獲得注意 ⟶ 加害者&協助加害者&煽動者

尋求權利 ⟶ 加害者&協助加害者&煽動者

作為報復 ⟶ 加害者&協助加害者&煽動者

無能逃避 ⟶ 受害者&受害兼加害者

　　學生一般不當行為（只是干擾學習活動的行為，如講話、不專注、作業未繳交、課堂睡覺等）長期沒有改善，可能演變較為無特定類型的偏差行為，此類型偏差行為除了個體影響教學活動進行，也波及到他人，如辱罵他人、偶而性的欺負同學，此外，不當行為也較為嚴重，如偷竊（物品或錢財）、說謊（作業沒有寫騙老師生病、家庭聯絡簿未拿給父母簽名跟老師講父母不在家）等，之後的偏差行為乃因與同學吵鬧嬉鬧、爭執衝突後，嘲諷同學、欺凌同學，或以肢體傷害同學（如打、踢、揍、推

等），此時的受害者並非是班上特定同學，只要與當事者發生爭
執衝突者，或與之意見不合者皆有可能成為受害者。最後，這些
當事者欺凌的對象變為特定的弱小族群學生，當事者暴力行為的
出現並不是由於雙方的爭執衝突引發，而是一種自發性、持續
性、故意性的傷害行為。學生不當行為演變為霸凌事件的過程如
下脈絡圖所示：

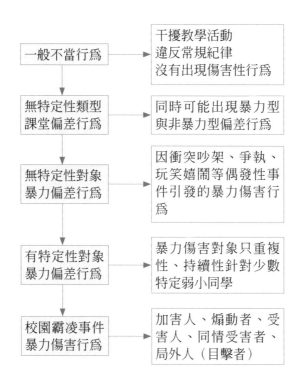

案 例

　　三年二班最近少數幾位要好的男同學喜愛摸對方的下體，看看誰的生殖器比較大，起先同學是開玩笑的觸摸，力道很小，但後來同學玩過頭，觸摸的力道愈來愈大，有同學跟班上導師王明道報告，王老師認為這只是同學間的玩笑行為，不用太大驚小怪，因而只以私下簡單的口頭勸說同學以後不要再有類似行為，並沒有積極介入處置，並對班上同學進行正確的性教育知識教導。幾天後，這幾位班上要好的同學，利用課餘時間在討論身材高矮與生殖器大小的關係，他們認為身材愈高的同學，生殖器應該比較大，那些身材矮小的同學，生殖器相對的應該比較小，在理化教室上完課後，這幾位同學趁教師及其餘同學離開教室後，將班上一位身材比較矮小的男同學以請教功課為由，請其暫留理化教室，這幾位同學將理化教室門鎖按下，一起蜂擁而上，將此男同學的褲子強行脫掉，目的就是要查看這位身材較矮小男同學生殖器大小。這位被霸凌的學生回到家中，將班上同學欺凌他的過程告知家長，隔天，家長火冒三丈至校長室向校長提告：「王明道是位不適任導師，對於可以預防處理的事件無法有效處理，放任事態變得十分嚴重，現在他的小孩心理受到嚴重傷害，不敢再到學校，要求換導師或轉班。」

　　當老師發掘班上出現潛在霸凌行為時，教師就應馬上介入處理，尤其是有關兩性平等教育部分，教師更應注意，因為這部分可能變為性霸凌行為，嚴重時演變為性騷擾、性侵害。兩性平等教育最重要的是要學會尊重與包容，沒有經過當事人的允許，絕對不能觸摸當事人的身體任何部位，如果任何碰觸造成對方的

不適或令對方不舒服，當事人必須馬上中止其行為。青少年正值青春發展期，生理發展的狂飆期，對性特別好奇，教師應適時加以教育輔導，若是學生行為偏離常道，教師必須要加以導正。案例中男同學喜愛摸對方的下體，當事者雖然都是男生（同性別群體），但也構成性騷擾行為，教師應針對性騷擾議題、與正確性知識與同學討論，讓同學有正確認知外，也要私下與這幾位男同學面談，告誡其行為的不當與不適切之處，若是日後有類似行為老師要嚴懲，並告知家長。

　　當學生知道自己行為不對，自己認知是錯誤的，就不會一錯再錯；當教師已告誡學生行為不當，不能再犯，學生就會有警覺；此外，教師知悉學生行為已觸犯性別平等教育法，構成所謂的性騷擾（依性別法第4條第一項所訂符合下列情形，且未達性侵害之程度者為性騷擾：以明示或暗示之方式，從事不受歡迎且具有性意味或性別歧視之言詞或行為，致影響他人之人格尊嚴、學習、或工作之機會或表現者），教師就應立即為同學加強性別平等教育知能，包括性騷擾或性霸凌應負的責任（性別平等教育法第25條）。當教師能發掘問題、掌握先機，就能避免問題擴大，並有效處理同儕間因無知、好奇、捉弄等玩笑行為而擴大衍生霸凌事件或性騷擾問題。

第二節　教師對不當行為的回應策略

　　教師一旦確認學生的不當行為後，教師要立即掌控自己反應，以免增強學生的不當行為。如學生不當行為的目的是要引起教師注意，則教師就不能對其作出立即反應（有傷害性或跟生命

安全有關者，教師則要立即反應處理），盡可能忽視此行為，之後再與學生討論，以謀求改變此行為的可能方案。教師要有效處理學生的不當行為，一定要知道其錯誤行為的目標為何？目標導向之不當行為的處理要能有效，必先要知悉其不當行為的目的，爾後才能對症下藥，採取相對應的因應策略。學生不當行為未能適時處理，可能演變為暴力偏差行為或有攻擊性的嚴重不當行為，進而再變成校園霸凌事件。

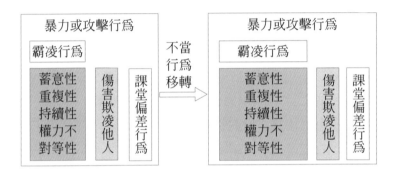

課堂的偏差行為與霸凌行為間的主要差異如上圖所示，二者不當行為都是一種傷害欺凌行為，不論是肢體傷害、言語傷害等都屬於一種暴力行為或攻擊行為，但課堂的偏差行為是一種非自發性的行為，導因多數起於同學間的爭執、衝突或玩笑等，發生的場域多數在課堂教室或校園內，場域並非是隱密而是公眾場合，涉入的當事者通常是二人，為一對一的方式，涉入者二者並非是權力不均等的關係；至於霸凌行為是一種自發性行為，加害人對受害人的傷害並非是偶發性的，而是一種故意性、重複性、長期性的暴力行為，加害人與受害人間是種權力不均等的關係，場域多數選擇隱密處所，涉入的當事者通常是二人以上，加害人與受害人的人數通常為一對一或多對一。課堂偏差行為與霸凌行

為間通常有密切關係，如果學生在課堂學習中常出現暴力的偏差行為，而其行為又沒有適時受到輔導矯正而改善，則有暴力偏差行為的學生可能變成為霸凌行為的加害人。

　　上述暴力偏差行為與霸凌行為間異同關係圖，左右二個圖形間的關係顯示的暴力偏差行為與霸凌行為間的移轉情形，當學生暴力偏差行為長期沒有改善，其偏差行為可能變本加厲，將暴力偏差行為變為霸凌行為。

　　對於學生的不當行為原因，艾怕特提出相對應的具體策略，供教師教學及管教參考（吳明隆，2010；張倉凱譯，2011）：

一、學生想引人注意時

　　1. 教師利用目光的接觸使學生知道教師已發覺到他們的不當行為。

　　2. 在教學過程中，身體靠近該學生。

　　3. 在教學過程中，問學生問題請學生回答，或使用讓學生的名字作為教學情境人物。

　　4. 具體獎勵其他專心學習或表現良好的學生。

　　5. 直接點出學生不適當行為所在，確實告知學生他們哪裡做錯，這樣的行為會有什麼不好結果，並向當事者解釋其原因。

　　6. 適時地與他們溝通，如讓學生明白教師不是那種浪費時間的教學者，而是真正能讓學生學到東西的教師，藉由課堂學習活動與這些學生進行交談，讓學生有機會與老師接近。

　　7. 課堂學習活動提供機會讓學生採取主動的學習，但若是在群體中無法讓學生適當學習，教師要撥出部分時間，讓學生可以自己能夠參與學習並擴大延伸學習視野。

二、學生想尋求權力時

1. 藉由同意該學生合理的提議或改變主題內容,以避免師生直接的對抗。

2. 承認學生的權力並且清楚告知學生,教師要採取的行動,如:「沒錯,老師沒有辦法讓你做完這頁的數學習題,但是老師會在下課鐘聲響起,把全班的數學作業簿收齊。」

3. 教師改變活動內容,做些意料之外的事或活動,或針對其他有趣的話題帶動全班討論,以轉移全班的注意力。

4. 採取緩兵之計,並且讓學生有選擇的機會,如:「請你安靜坐好,把雙手放下、兩腳靠攏,先把這項作業完成;或者,你可以到教師辦公室老師的桌位上,暫時休息一下。請你自己決定。」

5. 實際跟學生說明清楚,教師清晰的告知學生正在做什麼並給予指示說明,這類型的學生就不會說:「我想……,或我覺得……。」他們會根據教師說明的事實去做。

6. 直截了當、公平而正確的告知學生,他們的行為舉止看起來像什麼,聽起來像什麼。教師愈是拐彎抹角的詮釋,他們愈會進行權利的要求,教師要直接的告知學生,教師要採取的決定為何,為何這個決定是公平的、合理的。

7. 根據班規執行,班規是全班師生共同訂定的契約,每個人都應確實遵守,如果學生知道教室的班規是有辦法真正落實的,他們就無法另外提出額外的要求,甚至來操控教師的決定。

8. 教師規劃學習活動或採用管教方法的價值性與目的要明確讓學生知道,如此,學生才會遵守而不會提出任何額外的要求。

9. 教師心中要有定見,不要受到個別學生意見所左右,若是

規劃的活動或採用的處理策略，多數學生有意見，教師應採雙向溝通，與學生進行理性互動，經由師生協商研擬最佳的方案。

三、學生想報復時

1. 教師立即撤銷學生某項特權，如：「志明，你今天不可以到一樓玩球。」

2. 關懷學生並且使用積極肯定的陳述詞直接向學生說明，如：「你出發點不錯，但是你選擇的行為表現並不好。」

3. 嚴格要求學生歸還、修復、更新或補償被破壞的東西、物品。

4. 必要時，請學校行政人員或學生家長介入協助處理問題。

5. 跟學生講道理，並說明班級規約的重要性，如：「如果教師允許每位同學都做自己想做的事情，但不依照班級規約來做，那麼教室必定會很混亂，這樣的學習環境是學校、家長及同學均不贊同的。」

6. 以客觀與不反對的態度切入，教師讓學生明白教師是尊重學生的決定，但並不贊同學生的此種行為，尤其是違反班規及法律的行為。

7. 欣賞學生的優點，贊同學生對班上的貢獻，即使此類型學生對班上正向的貢獻度很少，教師也應找出少數學生的正向行為。

四、學生想逃避失敗時

1. 一面承認指定作業的難度，一面提醒學生之前的好的行為表現與成功經驗。

2. 修正教法、適時增刪教材,告訴學生:「這個單元較難,要用心聽講,教師會講的比較慢,有問題者要立即舉手發問。」

3. 藉由成就表揚來教導學生説:「我行」、「用心我就行」,而非「我不行」。

4. 提供同儕教導或要求學生幫助同學,例如幫助低成就或領悟力較慢的學生,藉以增強學生的自信心。

5. 私下與這類型學生交談,聆聽學生學習心聲,給予鼓勵支持,並提供學生需要的幫助或支援。

6. 學生表現欠理想或實作作品不佳時,教師應給予更多支持鼓勵,當學生感受到教師的關懷與愛,才會有進一步努力的動機,並朝向自我突破的方向邁進。

班級經營中,課堂教師如果親眼目睹到學生有不適當行為,要立即果斷的加以制止,如看到學生因衝突打架、互相大聲叫喊、以不雅言語辱罵他人、貶抑他人、毀損他人物品、故意排擠他人等,老師必須當場勸誡當事者的不適當行為,以堅定、權威的語調要求當事者停止推、踢、打人、罵人、損害、排斥等行為,教師的臉孔要能讓學生震撼、教師的聲音要鏗鏘有力,通常教師在教室中直接看得到或可直接聽到的衝突吵鬧、互罵事件很少是霸凌問題,因為如果是霸凌問題(尤其是肢體霸凌、言語霸凌與性霸凌),施暴者或協助施暴者都不想讓同學或老師直接看到或聽到,施暴者通常會選擇教師看不見或聽不到的地方對受害者施暴,在霸凌現場,也許會有其他同學(目擊者)看到或聽到,但目睹者或聽到同學並沒有比施暴者強或高大,所以施暴者並不怕。

當教師發現學生有不適當行為(如推撞他人、打罵他人、嘲

笑他人、辱罵他人、排擠他人、威脅他人、恐嚇他人、干擾教學
活動的正常進行、影響他人的學習活動、未遵守班級班規等）能
立即加以果斷處理，或看到學生間的衝突吵架事件等，能馬上加
以調停介入，則教師的行為會讓學生覺得：「我們老師是位負責
有擔當的教師」，教師積極的作為，不僅讓學生覺得教師是位值
得信賴的教師，也是位有能力處理班級意外事件或同學間衝突事
件的教師，教師此種作為可讓學生知道：

　　1.　對於同學之不適當行為、違反班規行為、干擾學習活動
行為、違反紀律行為，教師是「會管的」、而且是「有能力處理
的」，尤其是同學間故意的傷人行為、霸凌行為等，老師是絕對
不容許的。

　　2.　老師不只會負責教學事宜，也不會對同學間不適當行為、
霸凌行為等視而不見，或放任不管，老師雖重視的是同學的學習
表現，更重視同學的品德行為，教師的此種行動力間接的鼓勵霸
凌受害者或其他目睹霸凌問題的學生，勇於向老師告發，因為老
師是位有權威的教師，認真負責、不怕麻煩、勇於任事，只要跟
老師講，一切問題都可以有效處理好。

　　3.　明確告知學生，班上是個友善班級，我們老師是恩威並
濟、賞罰分明，絕不允許傷害或欺凌同學，在這個班級很有安全
感的。

　　4.　教師的勇於任事與對班級的投入，讓全班同學體會到「我
們班的導師是很用心、很認真的」，任何事情或委屈、衝突事
件，只要告知老師都可以獲得圓滿解決。

　　從學生班級衝突事件的處理、學生不適當行為或違反班級紀
律的處理，會讓學生想到「這樣的行為（如衝突引發的打人暴力
行為或罵不文雅的字眼），老師都這麼嚴厲責罰、處理都這麼認

真投入、還通知父母親,若是故意的欺凌同學或傷害同學行為讓老師知道那還得了」,當同學都有以上的認知或感受時,同學怎會成為霸凌事件的施暴者或霸凌協助者?相對地,老師對班級學生的衝突事件或違犯紀律常規的行為無法有效處理,甚至視而不見,則班級學生會怎樣看待這位老師呢?他們會認為老師只負責教學、只管同學成績有沒有進步,對於同學的行為如何或同學間的衝突不會理會,當同學認為教師只是位「教書匠」時,同學便不畏懼教師權威或教師權利,他們認為教師根本不會積極去處理同學間的衝突或爭執,更別說是霸凌事件。班級經營中,「教師的教學要能讓學生理解、教師的管教要能讓學生認同、教師的責罰要能讓學生信服、教師的帶班要能讓學生安心。」

霸凌事件的施暴者或協助施暴者可能為所欲為,因為他們心裡根本不怕教師知道,施暴者或潛在施暴者心想:「讓教師知道也沒關係,反正老師也不會管這種事。」對於受害者或潛在受害者而言,他們也不想讓老師知道:「因為即使報告老師,老師也不會為我們做什麼事,不僅不會減輕被傷害或被欺凌的行為,反而可能使傷害變得更嚴重。」可見,霸凌事件處理中,教師扮演非常重要的角色,尤其是身兼班級導師的教師,在實務經驗中很多班級同學間的爭執或衝突打罵事件,在班級導師積極介入下,都能獲得雙贏結果;許多霸凌事件也在導師有技巧的處理下,迅速獲得控制或獲得圓滿處理,教師是班級的帶領者與班本文化的型塑者,有怎樣的教師,就會型塑怎樣的班本文化;有怎樣的教師,也會型塑怎樣的學生。

第 4 章

受害者可以怎樣做？

有些同學受到霸凌，自認是倒楣者，或是自覺自己的運氣不好，才會成為霸凌事件中的受害者，許多目擊者看到霸凌事件後，無動於衷，秉持事不關己的立場與消極的態度，認為是受害者罪有應得、活該，誰叫他跟別人不一樣或很機車，目擊者與受害者認為即使向老師告知霸凌事件也沒有用，因為「老師根本不會管」，目擊者也因先前的學校實例擔心告知老師後，可能成為霸凌事件的下一個受害者或倒楣者；受害者、目擊者（局外人）一致共同認為霸凌事件是短暫時間而已，一段時間過後，施暴者或協助施暴者等人的傷害或欺凌行為會自動停止，因而不用把事情鬧得很大，也不用告知老師、父母（監護人）或學校主任、校長等人；有些老師認為涉入霸凌事件中的人，不是自己班上的學生，不用管他們，當事者的班導師或學務處會介入處理，自己不用「雞婆」管事，否則可能自討沒趣，教師職責就是負責教學，把進度教完，學生的所有行為問題，學務處、輔導教師、生教組、教官等人自會處理。以上受害者、目擊者、教師等人所持的觀點都是一種似是而非的論點，因為校園中任何人都有義務阻止霸凌事件的發生，每個人都有權利把「霸凌」趕出校園，追求一個溫馨、和諧、安全的優質學習環境。

　　「所有學生都有權利要求學校提供一個無傷害性、無危險性的校園校園環境；所有教師都有義務為學生營造一個安全性、舒適性的學習情境。」

第一節　對霸凌事件的迷思

　　當教師或學生對霸凌事件內涵及其後果認識不清，或無法

察覺霸凌事件引發的嚴重性時，可能使霸凌事件變得更複雜與麻煩，對受害者或潛在受害者造成無法彌補的傷害程度。師生對霸凌事件內涵的認識不清，表示學校的宣導不足，反霸凌政策活動推展待加強，其次是可能身為教師者想置身事外，只想做為一位教書匠，因而對於學校反霸凌政策的配合度不夠。

　　有關同學或教師對霸凌事件的迷思，常見者有以下幾點：

一、很不一樣或「很機車」的同學受到他人霸凌是活該的事情

　　人與人之間不一樣是普世事實觀，連同卵雙胞胎間的二人也有很大差異，被其他同學認為很「機車」者，若是違反班級規則自有老師或校規處理，同學沒有權利對這些人加以欺凌或傷害，同學外表、體表、學習形態、活動參與等與他人不同，並不是一件錯誤的事情，很機車的同學雖惹人厭，但惹人討厭並不表示其可以受到他人的暴力傷害。若這些同學的白目舉動、捉弄他人干擾學習活動，或阻礙教學活動的正常進行，其任課教師或導師會介入處置加以管教處罰，違規行為嚴重者，教師會通知當事者父母，也會協同輔導室等行政人員共同介入處理，同學之間是一種平等關係，彼此間可以規勸、告誡，但卻不可以加以欺凌或傷害，即使是執行司法的警察人員，也要依法行政。

二、霸凌事件中只有男生才是可能的加害人（施暴者）或是協助霸凌者

　　多數霸凌事件中的肢體霸凌是男生居多，性騷擾或性侵害的

施暴者也多數為男生，但並非所有施暴者或欺凌者都是男生，許多言語霸凌及關係霸凌的施暴者則多為女生，在女生群體中較容易發生關係霸凌，嚴重關係霸凌對當事者所造成的心理傷害可能是長期性的，對於當事者的學習、生活、心理等都有影響。任何人都有可能是霸凌事件的施暴者與欺凌者（如受人鼓動而做出錯誤的傷害同學行為，或因一時氣憤而延伸的欺凌行為），或可能是霸凌事件的受害者，因為霸凌事件的起因可能是多重性的，有些關係霸凌的加害人與受害人間原是好朋友，後因成績競爭、或誤解導致的一時氣憤，加害人乃對受害人散播謠言，煽動班上其他同學排擠受害人。

三、如果受害者不理會施暴者，則施暴者的霸凌行為會自動停下來

施暴者之所以成為霸凌者，除因為無法控制情緒憤怒外，也可能是一種權利的尋求或報復心態，若是受害者不理會施暴者的行為，會讓施暴者有恃無恐，肆無忌憚的誤認自己是老大，從傷害他人中獲得權力與快感（此種快感並非如正向心理學所稱的快樂如意，而是一種虛榮、浮華的假快樂），施暴者的行為沒有得到適當的勸阻與輔導，日後可能變成習慣性的霸凌行為，稍長後可能變為幫派份子。許多霸凌者實際上都是班級中令多數師生頭痛、不喜歡的學生，但畢竟他們都還是學生，改變的潛力很大，成長的空間也很大，如果大人們能共同加以輔導管教，則學生行為朝正向改變的機率是很高的。

霸凌事件中加害人的心態與信念，與平時衝突引起偶發性暴力傷害事件之當事者的態度與信念是完全不同的，霸凌事件如

果沒有大人或教師適時的介入處置，受害者所遭受的傷害會愈來
愈嚴重，但如果教師處理不當（如只對加害人嚴厲處罰並記過，
而沒有加以教育輔導），則加害人的暴力傷害行為可能只會中斷
短暫時間，之後變本加厲（只有負向管教，未配合正向管教策
略），霸凌事件中的加害人或共同加害人的觀念與價值觀不同班
級課堂中一般不當行為的當事人，希望加害人的傷害行為自動停
止是非常困難的，這就是霸凌事件必須有教師或大人介入處置的
緣由。持續傷害性行為沒有教師介入或教師介入處理不當，受害
者身心遭受的傷害變化情形如下（受害程度會更嚴重）：

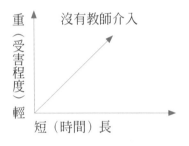

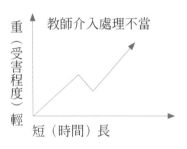

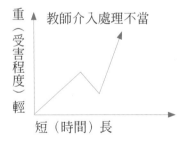

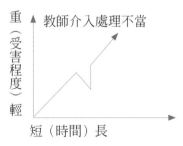

霸凌議題與校園霸零策略

四、若是目睹者或知悉霸凌事件者不向大人舉發，則施暴者的霸凌行為會自動停止

　　受害者因為都是弱勢的一群，許多受害人受到霸凌時自認倒楣而不敢告知父母或老師，目睹者或知悉者如果沒有向大人（如老師、主任、校長、家長）舉發，則涉入霸凌事件中的施暴者很難自動停止，若是施暴者知道傷害或欺凌他人是嚴重的違規或不法行為，就不會成為霸凌事件中的主角（施暴者或協助欺凌者），受害者不要天真的心想：「只要過一般時間，被他們欺凌的行為就會消失」，或是「只要我不理會他們，他們會自討沒趣，停止欺凌行為」、「明天，他們就不會再傷害我了」、「我忍耐一下就好了」，霸凌事件中如果沒有大人（家長或教師）適時介入處置，施暴者的行為會日趨嚴重，受害對象可能會從一個人變成多人。以勒索行為為例，施暴者起先只向受害者勒索50元，若其行為沒有被舉發，則勒索金額可能變為100元、200元等，勒索的次數也會增多。霸凌事件中教師或大人的適時介入處置，教育、管教、輔導加害人、煽動者，可使受害者、潛在受害者等人的受害程度減至最低，當受害者所受的身心傷害較嚴重，其心理復原情形可能需要一段時間（下列右圖），此時，教師應持續的加以關注輔導，使其心理或傷痛能於最短時間內康復。

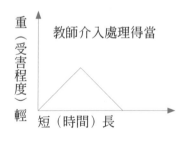

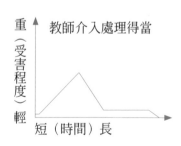

74

五、學習過程中受到霸凌或受人欺凌、傷害，是學習或成長的一部分

　　班級學習環境應是一種安全的、溫馨的、令人喜愛的，班級中的傷害、威脅、侮蔑、騷擾、辱罵、恐嚇、欺凌、嘲諷、欺壓等不當行為都是違反班級規則及紀律的，這些行為都不應在學習環境中發生，這樣的行為是不正常且要避免出現的。任何中小學學生在學習及成長過程中都有權利拒絕上述不當行為，要求在老師帶領下，營造友善的、和諧的學習情境，似是而非的觀點是中小學學生沒有經歷上述行為，無法培養挫折容忍力與困難的解決能力，這是一種對教育或教育心理學理論一知半解的結果。人本主義學者A. Maslow認為人們的需求是有階層性，較低層次的需求滿足後才會尋求較高層次的需求，七個需求層次的排列依序為生理需求、安全感需求、愛與隸屬感的需求（以上三個需求稱為匱乏需求）、自尊需求、認識與理解需求、美感需求、自我實現需求（以上四個需求稱為生長需求），其中第二個需求即為安全的需求，安全的需求包括個體的人身保護、住、行的安全、情感上的安全，讓個體在生理上不會遭受傷害、心理上不會遭受懼怕，因而建構一個安全和諧的情境，對學習者而言是非常重要的，如果學習者無法感受學習環境的安全，或可以受到保護，則較高層次的需求很難達成或做到，這就是校園不允許霸凌事件存在的緣由，因而任何人看到或知悉有人霸凌同學之不當行為，必須馬上向老師舉發。

六、所有施暴者都是班級中學業成就不佳或學習動機低落的一群

　　霸凌事件中的施暴者或帶頭者有些是學業成就不錯，或有高學習動機的學生，此類型學生之所以出現欺凌行為，多數的因素為嫉妒心或輸不起的精神作祟，常用的霸凌行為類型為言語霸凌或關係霸凌，故意孤立受害者，或試圖操弄同儕關係讓班上同學討厭或遠離受害者，或散播八卦新聞中傷受害者等。學習動機低落者可能不喜愛學習活動，也有可能是被同儕排斥的個體，這些人有可能是潛在霸凌者（但未必全然），但如果老師能善以導引啟迪，鼓勵誘發，不表示所有潛在霸凌者都會成為霸凌者，因而不能以偏概全，將學業表現與品德行為混為一談，以學生的學業成就表現推論是否可能成為霸凌者，這是一種教師的「月暈效應」，身為教師者不應對學業不佳的同學有偏見，如果學生盡力了，學習成就不佳並不是一件錯誤的行為，也不是可恥的事件，因為每個學生都有其優勢的智能，優勢智能的表現不一定是課業成績，可能是其他技能性的學習或省思的能力。

七、向老師或大人舉發霸凌事件是一種告密者的負向行為

　　目睹或知悉霸凌事件，向老師或大人舉發可減少受害者遭受麻煩，告密是向老師告知某件事情後，某些同學會遭受麻煩，前者是一種正義、值得人人讚許的行為，此種舉動可以快速阻止同學持續受到傷害，是一種保護他人、救助他人的正向行為，知悉或目睹霸凌事件而未向老師或大人告知（局外人），不僅會助長

霸凌行為，也會使施暴者更為囂張，其行為與所謂「抓耙子」行為、「告密者」行為是完全不同的。就校園霸凌問題而言，長期知情不報者也算是協助霸凌者，如果目擊者一發現校園霸凌事件立即向教師或家長告知，則可大幅減少學生被傷害的程度，教師或行政人員應省思的是：「為何受害人遭受他人傷害不願告知師長？」、「為何目擊者親眼目睹或知悉有同學受到他人傷害而不敢向師長通報？」受害人或目擊者是對師長沒有信心？還是對師長處理學生偏差行為的能力質疑？還是害怕受到報復或成為另一個受害人？

八、所有施暴者都是來自有高風險家庭（如家暴、單親、隔代教養家庭等）

多數施暴者的確來自有高風險家庭（但並非所有來自家庭結構不完整的學生都有不當行為或偏差行為），但部分霸凌事件中的欺凌者及參與者之家庭的社經地位並不低，施暴者來自中高社經地位家庭者也不少，因為某些人之所以變為霸凌事件的霸凌者，有些是多重因素導致，家庭結構或家庭社經地位只是其中因素之一。來自問題家庭的學生（如父母管教方式不當、過於權威或溺愛、父母本身是暴力取向者、缺乏家人關注與指導者、父母放任不管等）可能是潛在霸凌者的高危險群，但也有多數來自問題家庭之學生在品德行為或學業表現也很好，教師若能用心於班級經營，對學生多付出關心與啟迪，以正向管教取代責罵斥責，則不論學生來自的家庭背景為何，相信學生的不當行為或反社會行為會大大減少。教師可以做的是對每位學生的家庭狀況都有深入瞭解，如此才能因應學生的個別差異採取有效的因應策略，在

教學歷程中不應對學生造成二次傷害。

案例一

　　陳老師是數學老師，在上直條圖單元時不想以模擬的假資料來繪製圖表，而以班上學生家庭結構作為各組人數，陳老師的調查方式用語為：1.家中同時有父母親的同學請舉手、2.家中只有父親沒有母親請舉手、3.家中只有母親沒有父親請舉手、4.以上三種情況都不是的請舉手。

案例二

　　學校學務處於全校親師會議舉辦前，為提供與會家長對全校學生家庭狀況有初步瞭解，於早自修時間直接用廣播方式請教師協助調查，學務主任廣播的內容如下：1.目前家中同時有父母親的同學請站起來、2.家中只有父親沒有母親的同學請站起來、3.家中只有母親沒有父親的同學請站起來、4.家中沒有父母親而與其他長輩同住的同學請站起來。

　　上述二個案例都是違反教學倫理的行為，許多單親家庭或隔代教養學童都不想讓他人知悉其家庭的情況，這是一種隱私與尊重，教師或行政人員不能因為方便而做出傷害同學自尊的行為，因為問題家庭是否會再衍生出問題學生，在於教師的管教輔導是否合宜，如果教師能善盡教師職責，用對方法、用對策略，則能讓單親家庭或文化不利家庭學生的整體學習更有進步，包括學業表現與品德行為等。

九、霸凌事件中對付施暴者最好的方法是以牙還牙、向對方反擊

　　霸凌是一種強欺弱、大欺小的行為，通常霸凌者可能是一個人或一個群體，而受害者多數是一個個體，如果受害者與施暴者對打或直接加以反擊，可能會受到更嚴重的傷害，此種以暴制暴的行為可能讓原受害者一方惹上麻煩，使霸凌事件更為複雜。在多數的霸凌事件中（特別是肢體霸凌），與受害者相較之下，施暴者通常較為高大或粗壯，且施暴者一般有暴力傾向或攻擊行為，受害者都是較為瘦小或弱小個體，因而受害者如果採用以暴制暴、以牙還牙的方式向施暴者或協助加害者宣戰，可能遭受施暴者等人更嚴重的傷害，或自己由受害者變為施暴者；此外，霸凌事件中的加害人與受害人的人數比除一對一外，也有多對一的情況，在多對一情況下，加害人可能是數個人的群體，而受害人只有一人，因而受害人若以這些加害人或協助加害者直接對打或正面衝突，通常不會占到便宜。

十、施暴者對受害人的欺凌只有肢體傷害（如打、踢、推、撞、傷人等）

　　霸凌事件的傷害或欺凌行為中較易為人察覺者為肢體霸凌，除肢體霸凌外，還有言語霸凌（如被侮辱、被挑釁、被取笑、被嘲諷、被欺騙等）、關係霸凌（如被故意找麻煩、被排擠、被散播謠言、被書寫傳遞不實行為）、網路霸凌（藉由網路或電子郵件等來威脅、恐嚇他人）、其他霸凌（如勒索、恐嚇）、性霸凌（指透過語言、肢體或其他暴力，對於他人之性別特徵、性別特

質、性傾向或性別認同進行貶抑、攻擊或威脅之行為且非屬性騷擾者）等，其中關係霸凌可視為一種無形的傷害，其對受害者的負向影響不亞於其他霸凌行為，如果性霸凌的情節嚴重，對受害人造成的影響更大，施暴者傷害或欺凌受害者的管道很多，不只是生理上的傷害，也由可能藉由言語辱罵、將受害人孤立排擠、透過實體或網路的威脅及勒索、散播謠言或不實言論中傷受害者、性騷擾受害者等，因而施暴者對受害人的欺凌或傷害的方式很多。

十一、施暴者停止對受害者的傷害或欺凌行為後，受害者的生活能立即回復正常

　　霸凌事件中，受害者若是長期遭受施暴者的欺凌，身心、學習、生活等都會受到很大的影響，這種心理的創傷並不是短時間內可以復原，雖然受害者可能壓抑心中的懼怕或不悅的情感，但此種心靈的斲傷卻很難短期內消失，若是未經專業人員加以輔導諮商，長大後可能以各種負向行為或情緒態度出現，此種影響即為心理學領域之精神分析學派所倡導的「潛意識」（或稱無意識）觀點：大人們的某些行為是學生時代受到霸凌時被封鎖在內心深處的轉移，學生時代的傷痛並沒有完全忘記，只是被壓抑在當事者內心，這種被壓抑的不愉快經驗或傷痕，長大後會藉由各種負向行為出現，如當事者畏懼參加多人的聚會、無法適應社會生活、無法融入工作群體、出現憂鬱症候等。學習應是值得回憶的、學習情境應是安全的、學習雖有壓力但應是有趣味的，如果教師或學校無法確保學生的學習權、人格權與生存權，則教育的正向功能是失敗的，要學生長大後繼續承擔學習期間所遭受欺凌

的傷痛，是學校教育應徹底檢討的。

十二、受害者向老師舉發受到霸凌，會被老師認為誇大其詞

　　當學生向老師舉發受到霸凌時，老師會根據當事人所描述加以查證，老師會相信當事人所告白或陳述的，即使是班級常見爭執吵架引發的傷害他人行為，也應立即讓教師知悉，教師不會對當事人的話語加以懷疑，只是霸凌事件是重大的不當行為或違犯紀律行為，老師必須妥慎處理，因而老師會先經過查證過程，老師如果覺得情節嚴重者會轉告學務處等行政單位共同處理，處理時會詢問施暴者、參與者、目睹者（局外人）等，老師與行政人員會立即動員處置，所以向老師舉發受到霸凌是正確的作法（霸凌事件的認定要經過學校霸凌防制小組的確認，確認後啟動相關的處理機制）。身為教師者，對於學生告知的班級發生事件都要小心謹慎處理，尤其是可能為霸凌問題者，更應妥慎用心介入處置，教師不應大而化之，放任不管；也不應過度渲染，事件未經嚴密查證，就通報為校園霸凌事件。

十三、受到霸凌時，最好的因應方式是請假不要上學或直接轉學

　　如果受害者遭受霸凌，或目睹者看到受害者遭受施暴者的傷害而心生恐懼害怕，認為上學環境是個不安全、不和諧的地方，身心隨時會遭受到霸凌者的傷害或欺凌，因而採取負向的對應方式：如請假不上學或轉到別校時，這是錯誤的因應作法，因為霸

凌事件中行為錯誤者是施暴者而非受害者或目睹者，受害者／目睹者並沒有犯錯或違規，為何要犧牲個人學習權而助長壞人呢？施暴者沒有被老師及學校行政人員發掘而受到該有的懲處或行為輔導，則施暴者霸凌的對象可能會轉移到別的同學身上，這會讓校園霸凌事件更為嚴重，就像偷竊者一樣，如果其偷竊物品行為沒有被人或警察發現，交由警察處理，則偷竊者食髓知味會一錯再錯、偷了再偷，得手一次會再偷第二次等。再以飆車族青少年為例，飆車族飆車砸壞停在路邊車輛的行為，如果沒有他人告發，則持續飆車砸毀行為會惡化為飆車砍人行為，其行為惡化的演變為：飆車→飆車砸毀路旁車輛→飆車隨機砍殺行人，如果在青少年飆車階段即對青少年加以適當處置，則之後砸毀物品及砍殺行人的行為就不會發生。

十四、受到霸凌時立即告訴施暴者父母，說你被他們的孩子欺凌或傷害

　　許多父母在老師告知其小孩在學校打人或有暴力行為時，第一個反應：「我的孩子不會打人」，這與飆車族青少年被警察帶到警察局後，警察通知當事者父母到警察局認領，多數父母第一時間的回應是「不可能，我的小孩不會飆車，更不敢飆車砍人，您們可能弄錯了」，沒有父母願意聽到自己的小孩是施暴者或協助加害者，沒有父母願意在第一時間承認自己的小孩是傷人者或暴力者。霸凌事件中，施暴者的父母寧願相信自己小孩所說的話，而不相信受害者或知悉者所告知的；此外，許多施暴者之所以霸凌同學，是因為生長於一個暴力取向的家庭，父母親可能是家庭暴力的施暴者，因而對於別人告知其小孩有欺凌或暴力行為

並不會覺得大驚小怪，對於霸凌事件的遏阻通常其效益不大。受害者受到傷害欺凌，第一時間應告知的是自己的父母及老師，而非是加害者的家長

十五、受到霸凌時，受害者可當面向恐嚇施暴者說你事後會找人向他們算帳或報復

　　霸凌事件中的施暴者或欺凌者本身可能是暴力傾向者（尤其是肢體霸凌者或言語霸凌者），對於受害者的恐嚇施暴根本不怕，如果施暴者懼怕受害者，就不敢傷害或欺凌受害者，改以其他同學為欺凌對象，因而霸凌事件中的受害者當面向欺凌者言語恐嚇是不妥的，如果施暴者聽到受害者要找人向他們報復，會激怒施暴者更嚴重的傷害或欺凌舉動。同儕間的相處，不論個體是否受到傷害，採用以暴制暴，或找人向對方施暴都是錯誤的做法，如此，個體可能從受害者變為加害者，因為暴力是沒有辦法解決任何問題的，只會使問題更為複雜化，讓大人處理更為棘手，而以暴制暴、以牙還牙的報應論並不符合教育本質，因而受害者最好的處理方法是儘速離開現場，事後立即向大人告知。

十六、為免影響校譽及家長恐慌，學校發生霸凌事件時最好隱瞞，不要通報

　　霸凌事件中受害者的身心會受到不同程度的傷害，根據兒童及少年福利法第30條第2款規定，任何人對於兒童及少年不得有身心虐待之行為。如果教育人員知道學童受到身心虐待依法必須通報，根據兒童及少年福利法第34條第1項規定，教育人員知悉兒童

及少年遭受身心虐待者，應立即向直轄市、縣（市）主管機關通報，至遲不得超過24小時。如果教育人員知悉學童受到身心虐待未依法通報是要負起責任的。校園霸凌行為如已達身心虐待程度者，校長及教師身為教育人員應依法通報，未依規定通報而無正當理由者的處罰如下：依兒童及少年福利法第61條規定，處新台幣6千元以上3萬元以下罰鍰；依公立高級中等以下學校校長成績考核辦法第7條第1項第2款、公立高級中等以下學校教師成績考核辦法第6條第1項第2款規定，其如屬違反法令，而情節重大者，得記大過（教育部，2011）。每個學校都不希望發生霸凌事件，但校園生態複雜，學生個別差異極大，若是發生霸凌事件，學校能於最短時間加以遏阻並立即通報，對學校聲譽影響不大，如果學校教師的教學與行政服務，平時能獲得家長肯定認同，則單一霸凌事件不會讓家長完全改變對學校的看法。

備 註

兒童及少年福利法第2條及第34條部分條文內容：

第2條（兒童及少年之定義）：「本法所稱兒童及少年，指未滿十八歲之人；所稱兒童，指未滿十二歲之人；所稱少年，指十二歲以上未滿十八歲之人。」

第34條（兒童及少年需通報處理情形）：「醫事人員、社會工作人員、教育人員、保育人員、警察、司法人員及其他執行兒童及少年福利業務人員，知悉兒童及少年有下列情形之一者（如遭受其他傷害之情形；施用毒品、非法施用管制藥品或其他有害身心健康之物質），應立即向直轄市、縣（市）主管機關通報，至遲不得超過二十四小時。」

十七、霸凌事件的處理是行政人員的職責，教師最好放任不管

　　霸凌事件的處理必須由學務主任、生教（輔）組長、導師、輔導處等人共同配合，情節嚴重者還須社工、少年隊的介入，至於施暴者、受害者的家長也需共同參加協助處理。以言語霸凌、關係霸凌、性霸凌等事件，最有效的處理者一般是教師，肢體霸凌、網路霸凌中的生理傷害、恐嚇、勒索等行為則需要家長與行政人員的共同配合，學務主任及生教（輔）組長主要負責協助霸凌事件的訪談、查證，之後對施暴者行為進行改變矯正、對受害者進行心理輔導等則需由輔導室等輔導教師及社工員的介入，行政人員在處理霸凌事件過程中，教師必須隨時關注施暴者、受害者等人的情況，如果教師放任不管，或置身事外，則教師就沒有盡到基本的職責與義務。

　　霸凌事件中的施暴者或協助施暴者之所以涉入霸凌問題，其背後的個人因素是多向度的，並非如課堂教室衝突行為是單一事件引發的，正由於傷害者背後原因的複雜化，因而其行為改變與矯正有時並非是班級教師個人專業知能所能及，此時，輔導教師、心理諮商師、社工師、家長等的積極介入處置是有必要的，而其行為真正改變與價值觀調整的時程並非是短時間可以看到成效，教師與行政人員發掘霸凌事件的首要任務是「於最短時間內阻止施暴者、協助加害者等人繼續對受害人加以傷害或持續的欺凌」、「讓被霸凌學生所受的傷害減至最低」。

第二節　被欺凌者的具體做法

　　同學之所以成為校園霸凌者，其原因可能是原生性因素導致、可能是人格特質導致、可能是家庭因素導致、可能是學校因素導致、可能是社會因素導致，也可能是錯誤的價值觀與對社會楷模的誤解等，變成主要霸凌者或協助霸凌者都有其背後的原因，形成的原因有些並非是單一因素，而是多種因素混雜或交互作用導致，不同型態的霸凌者其形成的原因可能有所不同。以班級中的關係霸凌而言，其中部分事件的霸凌者或煽動者為班級學業成就中上的學生，因為學業成績競爭的關係，總是無法超越排名在前的同學，嫉妒心的作祟與成績第一之錯誤價值觀的影響，由羨慕變成怨恨、由追求變為排擠、由同儕良性競爭變為惡性競爭，因而想辦法孤立同學、拉攏他人排擠同學、藉由各種似是而非的話語讓他人遠離同學。此種名次接近而無法超越對方、贏過對方的同班同學，即使學業成績很好，如果有負向或錯誤的價值觀，也可能變為關係霸凌中的主要霸凌者或協助參與者。

　　學者A. L. Beane提出霸凌者或施暴者之所以會霸凌他人的原因有以下幾點：1.因為他們喜愛有勢力或權勢的感覺，大部分霸凌行為跟以力量或暴力壓過別人有關；2.因為他們的父母或其他人霸凌欺凌他們，他們有樣學樣，認為霸凌欺凌是一種強、比較壯的表徵，這樣的人比較可以為所欲為，快速展現個人的強壯；3.藉由霸凌欺凌他人引起師長或同學注意或重視；4.因為他們嫉妒別人或無法接受別的同學比他們表現好，他們受不了別的同學比他們聰明、受歡迎、優秀或得到老師特別的眷顧；5.是為了保護自己，不被麻煩找上或避免批評，他們因為害怕自己受到傷害，轉而把自

己的畏懼或害怕加諸於別的同學身上；6.因為人格特質的關係，特別喜歡傷害別人，讓別人感到害怕或恐懼，從受害者的懼怕中得到快樂；7.霸凌者或施暴者沒有更好的方法來處理同儕的相處問題或爭執，他們沒有學會要如何與同學和諧的互動溝通或如何交朋友；8.因為他們無論做什麼事都喜歡贏，虛榮心的作祟，讓他們有輸不起的感覺，嫉妒、看不起比他們好的同學；9.因為他們自己有問題但不懂得如何自己去解決處理，如來自不幸的家庭、無法有效融入同儕群體、班上同學不喜歡他們等，因而把自己不滿的情緒或憤怒轉而發洩到比自己弱小而又不敢反擊他們的人身上（林凱華譯，2008）。

　　若是同學成為關係霸凌的受害者，同學最好的方式是告知老師，關係霸凌雖然不像肢體霸凌，身體直接受到威脅或傷害，但長期下來對受害者的心理、活動學習等都有不同程度的影響。依照E. Erikson之心理社會發展論的觀點而言，國小階段學生的心理發展是勤勉－自卑，重要他人為老師與同學；國高中學階段學生的心理發展是認同感－角色混淆，重要他人為楷模、朋友、同儕。依Erikson心理社會發展論階段劃分，國小高年級及國高中教育階段皆屬第五階段「認同感－角色混淆」，學生已將父母、成人等重要他人，轉而視同儕、朋友為重要知己，因而志同道合的朋友或同學會建立群體的次文化，他們認同關係要好的同學、認同偶像。

　　Erikson認為當中小學學生的友誼或同儕關係不佳，會嚴重影響當事者的心理發展、學習活動的順利，並影響到日後的生活適應與心理發展。班級是社會的縮影，每個人都需要與他人有互動、有溝通，當同學被其他人排擠時，多數受害者通常都是班級弱勢的一群，可能是因為個人生理因素（如口語表達不清、長相

看起來異常），也可能是學業成就低落、行為動作較慢等因素，這些學生若是長期受到同學排斥，遊戲活動時不願與他們一起玩、分組活動時不願與他們一起活動學習，則這些學生便成為班上學習的「孤兒」。長期缺乏友誼、同伴的學生，是孤獨的、是寂寞的、是可憐的，這些學生的學習及生活是不快樂的。這種學生是關係霸凌下的受害者，關係霸凌的受害者通常不太願意將被霸凌的情形告知老師，而班上多數同學受到霸凌者的蠱惑或煽動也不願意將真實情況將老師告發，如此惡性循環的結果，造成施暴者更為所欲為。如果老師一直沒有發掘班級關係霸凌事件，受害者孤立無援的情形會一直存在，最後的結果是受害者不願上學或成為中輟生，或以其他自殘行為表現出來。

處理關係霸凌事件，要從友善班級氣氛的營造與學生正向價值觀的培養開始，教師如能讓學生信任，則學生會將班上不公不義的事情勇敢的向老師舉發，教師帶領的班級如果經營的很好，則同學排擠他人的情況便不會發生，即使發生了關係霸凌事件，霸凌者或潛在霸凌者也只是少數幾位同學，多數人還是會接納這些表面讓人覺得不一樣的同學，只要班上有人能挺身而出，則班級關係霸凌事件通常能避免，即使發生關係霸凌事件，教師也能立即加以有效因應介入處理。

案 例

音樂課時，六年一班音樂老師是學校打擊樂團主要指導教師，上課鐘聲響起時還留在辦公室與主任討論比賽當天樂器搬運問題，因而較慢進到教室。班上幾位同學嬉鬧，全班吵吵鬧鬧，此時正好班上導師方老師回到教室，看到此種情

形非常生氣，命令剛才吵鬧講話及離開位置的同學到後面罰站，剛才也有吵鬧的二位同學林美娟、郭明德並沒有到後面罰站，只是低著頭看著書，此時，班上的黃雅倫同學站起來告訴方老師，林美娟、郭明德剛才也有離開位置，方老師聽完後質問他們二位，因為班上其他同學也都有看到他們二位離開位置，因而林美娟、郭明德二人只好承認，由於他們二位沒有於第一時間承認，老師加罰他們第三節電腦課在教室抄寫國文課文。

此事件後，林美娟、郭明德二人對黃雅倫懷恨，認為不是她雞婆向老師告發，他們也不會被罰站及罰寫課文，因而煽動班上同學說黃雅倫是「抓耙子」，為了讓老師稱讚她，常喜愛向老師告密，林美娟、郭明德似是而非的話語，使得班上同學信以為真，加上林美娟、郭明德二人在班上的學業成就佳、平時人際關係也不錯，在二人的邀約鼓動下，班上許多同學陸續排擠黃雅倫，下課時間只要黃雅倫走到同學身旁，同學似乎有默契的紛紛走開；分組活動時，同學也不想再和黃雅倫分配在同一組，漸漸的黃雅倫感覺到同學在疏遠她。由於導師平時與同學互動良好，常鼓勵同學在生活或學習上有任何問題都可直接向老師反應，班上另一與黃雅倫較要好的同學陳麗惠認為黃雅倫並沒有錯，因而利用課餘時間將事件的來龍去脈轉告給老師知悉，事件的起因是林美娟及郭明德二位同學挾怨報復，煽動威脅同學不能跟黃雅倫在一起，凡是跟她在一起均列入班級的拒絕往來戶。

經陳麗惠同學及班長的告知，方老師利用課餘時間對林美娟、郭明德二位同學加以開導，明確告訴他們二人，黃雅倫絕不會私底下說同學是非，她是一位認真負責、做事踏實的同學，她只是就事論事而已，也不會向老師告密，何況，

若是同學沒有做錯事情，怎麼會心虛呢？經老師說理開導，林美娟、郭明德二位同學自認是自己做錯事了。再者，方老師利用課堂時間，對全班同學進行品德教育及生命教育，進而說明關係霸凌的相關內涵及後果，要同學也能有同理心、尊重他人，而林美娟、郭明德也向同學告知他們只是一時氣憤而已，並不是故意要全班同學都討厭黃雅倫同學，之前她們已在老師勸導說理下，向黃雅倫同學道歉，其實黃雅倫同學並沒有做錯事情。在老師安排下，林美娟、郭明德走到黃雅倫位置前，深深一鞠躬，跟黃雅倫說：「雅倫，妳沒事吧！」只見黃雅倫靦腆的點點頭，此時，老師及全班同學都報以熱烈掌聲。

　　校園霸凌事件中，肢體霸凌很容易有目擊者看到，受害人外在的生理傷痕也較易察覺，但言語霸凌及關係霸凌因為沒有留下明顯證據，查證上較為困難，不是經由現場的目擊者告發，教師其實是很難發掘的，因為霸凌事件中的施暴者一般都是趁老師不在時，才出言恐嚇、辱罵、排擠同學，或威脅其他同學不要與受害者在一起，或是散發不實言語來中傷受害者，藉以達到孤立、排斥受害者。言語辱罵或話語傷害後若是沒有人錄音，則無法再讓老師聽到當時霸凌的情形，因而鼓勵所有同學若是知道霸凌事件必須迅速向老師反應或告知教師，讓老師於最短時間內知悉，尤其是班上的言語霸凌及關係霸凌型態，因為這二種霸凌事件通常是發生在同一個班級的學生身上，施暴者、鼓譟者、受害者、目擊者、阻止者、局外人（旁觀者）等都是同班同學，此時，班級導師就扮演著非常重要的角色。

　　言語霸凌及關係霸凌二種霸凌事件型態，與直接式暴力攻擊

霸凌事件不同，後者之施暴者通常是高風險家庭小孩、被教師視為班上頭痛人物、在班上常出現暴力行為等，但言語霸凌及關係霸凌的施暴者可能是上述型態的學生外，也可能是因為嫉妒、學業競爭、一時氣憤等因素引發，案例中的二位施暴者林美娟、郭明德的不當行為，即是因為「一時氣憤」導致，他們只是因為同學跟老師告知「行為事實」，被老師處罰，而對告發者黃雅倫懷恨在心，因怨恨心作祟而採取報復手段。

　　由於言語霸凌及關係霸凌多數發生在班級情境中，因而導師的角色就很重要，許多同學因為怕變為下個受害者或被報復者，寧願採取視而不見或聽而不聞的消極策略，抱持「只要我不多嘴就不會成為下一個受害者」、「只要我不雞婆就不會被他人欺凌」、「我不跟老師講，自然會有其他人會跟老師講」、「我不告知老師，總會有別人告知老師」等想法，這是因為同學把一般的慣用語「打小報告」、「告密者」與「舉發事實」行為混淆，或無法釐清「使人陷入麻煩」與「排除某人麻煩」、「讓人產生困擾」與「減少他人困擾」、「某人會被老師責罵」與「老師可解決某人問題」間的差異，向老師舉發某種真實事件或告知某種事實行為，並不是「打小報告」、「告密者」等行為，而是一種值得老師讚賞表揚、其他人學習的利社會行為。

　　當老師知悉班上有同學涉入言語霸凌、關係霸凌事件，不要出現暴跳如雷、情緒失控行為，教師謹記：「在處理學生問題行為之前，要先處理好自己的情緒」，對施暴者或協助施暴者大聲斥責、辱罵，採取嚴厲的懲罰，甚至採用恐嚇、體罰，而沒有對對施暴者等人加以輔導管教，其後果可能使霸凌問題更為嚴重。教師採用嚴厲的懲罰只是一種短暫、表面的解決方式，施暴者因為教師嚴厲懲罰而於教師面前暫時停止對受害者的欺凌，表面上

教師是遏阻了霸凌事件，但實際上卻可能激起被處罰者對受害者更大的仇恨，或將傷害對象轉移至事實舉發者身上。教師處理霸凌事件時，對施暴者只有打罵沒有加以開導是無效的；對霸凌者只有嚴厲處罰沒有說理是無效的；對欺凌者只依校規處理沒有加以輔導是無效的。案例中班導師並沒有採用大聲斥責、辱罵等話語，也沒有對林美娟、郭明德二位同學嚴厲懲罰，而是改以勸導說理方式，加上平時方老師常講述有關品德行為的重要，師生互動良好，因而在老師開導下，二位當事者自認做錯事情，也勇於向黃雅倫認錯，班上很快又恢復之前的和諧，案例顯示霸凌事件的處理不僅要用對方法，也要對涉入當事者人格特質或性格有充分瞭解。

教師或行政人員與施暴者父母會談時，要讓施暴者父母知道事情的嚴重性，若是父母無法積極與學校配合，會讓霸凌事件變得更為棘手，學校人員（不論是主任、輔導教師、班級導師）與當事者父母會談的目的，是要讓父母知道學校有誠意與有辦法很快遏止霸凌事件的再發生，讓父母感受到「學校採用的是正向管教方法，要動員很多人來矯正我小孩的霸凌行為」，而不是讓父母覺得：學校只以記過、退學、交由警察處理等負面方法來處置，而沒有採取積極的輔導管教策略，尤其不能讓父母／監護人覺得所有與會的學校人員聯合起來恐嚇他們，讓他們承擔小孩為施暴者、欺凌者或協助施暴者應負的責任，親師會談目的是讓當事者父母／監護人知道學校貫徹反霸凌的決心、霸凌者行為的不當、如何矯正抑止霸凌者的負向行為、控制自己憤怒與表現正向的行為或態度。

如果同學遭受肢體霸凌，受害人最好不要反擊，反擊可能變為以暴制暴，或變為更嚴重的肢體霸凌，肢體霸凌型態之霸凌

者或協助加害者通常都是故意要傷害受害者，若是受害者加以反擊，可能遭受主要霸凌者及協助加害者更大的肢體傷害，受害者優先考量的策略是儘速逃離現場，若無法即時逃離現場，受害者可以大聲呼喊：「救命」，霸凌者畢竟是學生，當霸凌者聽到受害者大聲呼喊救命時，多數會心生畏懼，也會想著趕快遠離現場不要被人看到他們是施暴者。對於大聲呼喊救命，教師平時於課堂中也可對學生加以訓練，如將全班帶至操場空曠地上，對著前面齊喊「救命」、「打人」。

對於傷害同學的民事及刑事責任，教師也要讓學生知悉，「任何人都沒有權利打他人」、「任何人都沒有權利傷害他人」、「任何人都沒有權利以暴力或拳頭對付他人」，教師要讓同學知道，如果看到或知道某同學受到其他同學肢體欺凌或言語霸凌要儘快讓老師或行政人員知道，告知的媒介如直接口語告知、電子郵件告知、教師或學校個人郵箱，或以手機、電話告知。當教師接獲霸凌事件時，要會同學務處進行查證工作，查證時，要分別訪談受害者、霸凌者、協助霸凌者或目睹者等人，如果確定是霸凌事件，輔導室要介入受害者的身心輔導，與班級導師共同對霸凌者進行行為輔導。

學者Moore與Minton（2004）二人對於學生遭受言語霸凌時，提出四種受害者可採用的反擊策略（李淑貞譯，2007）：

一、以沈默不答回應

包括完全避開或遠離霸凌者；不予理會、神態自若假裝沒有聽見。避開霸凌者時不要用跑的，否則會讓對方認為你是懼怕者。當你遇見霸凌你的人快速跑開，愈會使霸凌者的行為持續威

脅你，因為霸凌你的人就是要看到你受驚、害怕，如果你假裝沒有聽見，以正常姿態走開，完全不予理會霸凌者，則霸凌你的人會覺得自討沒趣。

二、以幽默方式回應

以對應不傷人的方式回應霸凌者，如對方每次看到你都說：「矮冬瓜，真可憐；煮來吃，味更甜」，當事者可以回應：「矮冬瓜、不可憐；人人愛，美更甜」；或當霸凌者說：「矮冬瓜，笨死人」，當事者可以回應「矮冬瓜又不只我一個」；「矮冬瓜並不笨，矮冬瓜也很聰明」、「矮冬瓜也很可愛，很多人喜愛矮冬瓜」（以身體特徵一再故意稱呼他人為矮冬瓜，若是當事者覺得很不舒服或難過，則此傷害行為可以視為言語霸凌，也可以視為性霸凌）；或當加害者嘲諷說：「肉腳」，當事者可以回應「校園內肉腳又不只我」；或當加害者戲諷說：「笨死豬」，當事者可以回應「我只有二條腿，豬有四條腿」。

三、以多謝指教回應

當霸凌者者以言語霸凌時，雖然會令當事者不悅或困擾，但為避免更大衝突，當事者可以回應「多謝指教」，此種回應法就是讓霸凌者搞不清楚狀況，不知你回應內容代表的真正意涵，因為「多謝指教」用語並沒有傷人或批評的成分，會讓霸凌者自覺沒趣，如霸凌者看到你走過來，故意以「大肥豬來了！」、「大胖豬來了！」，當事者不必刻意閃躲，只要理直氣壯的回應「多謝指教」、「為大肥豬歡呼」等，雖然當事人內心可能受到某種

程度傷害，但至少讓霸凌者從當事者的外表上看不出你已受到傷害。

四、合法斷然行為回應

　　自己採用合法反擊的方式，勇敢挺身而出但不進行暴力反擊，包括肢體反擊及言語反擊，具體的方法如：直接告知霸凌者，你不在乎他們如何看待你，那些言詞對你沒有什麼感覺，你還是活得很快樂；抬頭挺胸，帶著自信堅定的表情，清楚果斷的說話，目光直視霸凌者的眼睛，告知他們那樣的用語是不對的，要他們停止這種行為；受害者內心要自我告知自己：「有問題的人是霸凌者，自己是沒有問題的」；「錯誤的是霸凌你的人，不是你自己」。

第5章

教師如何處理霸凌問題

校園霸凌事件的發掘除了教師親眼目睹外，沒有經由他人（尤其是學生）的告知或舉發，教師很難知悉，因為霸凌事件通常是發生在教師或大人不在的情境，當教師在現場時，學生間發生的暴力或鬥毆行為，一般是吵架衝突事件引發的突然事件，此種事件與霸凌行為是不同的，霸凌行為一般都是蓄意、重複的欺凌行為，受害者是弱小的一群，因而是一種大欺小、強欺弱的行為，施暴者與受害者是權力不對等的個體，施暴者對受害者傷害的理由是千奇百怪，其地點除教室內外，校園中任何一處人少或教師看不到的地方、上下學的路途中等，都是霸凌者下手的地點。

　　如果是班級中同學因吵架衝突、嬉鬧玩笑引發的暴力或攻擊行為，教師皆很容易可以發掘，對於這種事件，學生也較會主動的告知老師，學生會說：「老師，我只是跟他開個玩笑，他就打我」、「老師，我們一群人在玩時，我不小心撞到他，他就罵我『臭三八』」等（罵人臭三八不只是言語霸凌，也可能是性霸凌），這種衝突事件引發的暴力或攻擊行為，當事者雙方在權力上約是平等的，其暴力者行為是事出突然，並非蓄意預謀的，受害者或目擊者的體型有時還比施暴者的體型高大或健壯。

　　但霸凌事件的情況卻不同，霸凌者通常較受害者強壯或高大，施暴者可能是一個人或數個人組成的暴力組織群體，他們對受害者的傷害或欺凌專挑老師不在場或大人看不到的地方，如果老師在場或其他大人在場，施暴者通常不會下手或對受害者造成傷害，這是霸凌事件發生時，教師較難發現與快速處理的緣由。

第一節　教師須具備處理霸凌的知能

為了快速遏阻霸凌事件或不讓霸凌問題惡化，造成受害者或潛在受害者無法彌補的傷害，教師須具備以下四種處理知能：

一、洞悉瞭解力

對於班級導師而言，必須能確實瞭解每位學生的家庭背景、人格特質、身心發展情況、人際關係、對事情的情緒反應等，如哪些同學是經濟弱勢、哪些同學較為意氣用事、哪些同學具有暴力傾向或攻擊行為、哪些同學較為活潑、哪些同學平時很少講話較為文靜、哪些同學較會與他人開玩笑、哪些同學是來自高風險家庭等，這方面訊息的瞭解，教師可藉由之前的輔導資料表或其他靜態資料獲得相關訊息。此外，從班級師生互動中的實際觀察、與學生閒談中，或從學生學習活動中等，都是獲取以上訊息或可以瞭解學生的重要來源；最後是其他任教老師提供的資料

（包含學生在課堂表現行為的情形）、親師溝通中學生家長提供的資訊等，都是教師可以深入瞭解學生、掌握學生動態的重要來源。

　　班級中教師要特別關注的是班級內弱勢群體，或高風險家庭及潛在高風險的學生，前者如學業成就低落、低社經家庭的學生、單親家庭學生、隔代教養家庭學生；後者如遭受家庭暴力的學生、父母管教方式不當的學生（極端權威或過分溺愛）、被多數教師認為「頭痛」學生、有暴力傾向或攻擊行為的學生等。此外，教師對於平時文靜、很少與同儕互動的學生也要特別留意，這些學生可能人格特質或個性，不愛與人互動說笑，平時都是一個人獨來獨往，因為好朋友很少或與人溝通談話機會不多，因而無法容易由班級同儕間得知其生活或學習狀況，這種特別文靜的同學也需要教師多加關注。「學習活動中不吵鬧是件好事，但不講話並不一定好」、「課堂班級內不干擾其他同學的學習活動是正向行為，但完全不與同儕互動溝通、過度文靜不一定是好行為」，不講話、文靜絕對不是一種錯誤行為或不當行為，但不一定是完全值得鼓勵的行為。分組討論、問答教學法、學習內容不懂之處的發問與發言等，都是課堂學習的正向行為，若是同學此時一句話也不講，那可能會讓他人誤以為沒有用心或無法全力投入學習活動。如果教師能對每位學生有更多瞭解，才能適性教學、因材施教，針對學生的個性與學習採取有效的輔導管教策略，也才能掌握學生的學習動態與行為改變情況。

啟　示

　　林老師是位國中國文教師，下班後常至離家附近的快樂水果行購買水果，這一天林老師照例至快樂水果行購買水果，買的是蘋果與奇異果，奇異果每粒20元，6粒100元，因而林老師買了6粒，當水果行老闆拿到裝奇異果的袋子時，林老師順口告知6粒，水果行老闆打開袋子很快瞄了一眼，林老師見老闆已看完，準備付賬，此時水果行老闆說：「林老師，不好意思，您的袋子再讓我看一下」，此時，林老師有點不太高興，以為老闆不相信她，還要再檢查袋子，當林老師打開裝奇異果的袋子時，水果行老闆很快從中拿起一粒奇異果，此時林老師內心想著：我明明只拿6粒怎麼會多一粒，當林老師心中正疑惑時，水果行老闆說：「不好意思，這粒壞掉了，我給您換一粒好的。」林老師聽完後，才知道原來是水果行老闆發現她買的6粒奇異果中，有一粒壞掉了，第一次因為很快瞄過，無法確認水果是否真的壞掉，所以才要求林老師打開袋子讓他再檢查一下，老闆第二次檢驗結果，真的發現有一粒奇異果壞掉，所以才能幫林老師換一粒好的水果，林老師對於水果行老闆敏銳的觀察力與忠誠度佩服不已。

　　作為一位老師就需要有水果行老闆的敏銳度與觀察力，水果有無腐爛，從事此行業者最為清楚，當發現水果已經腐爛就不應再販售給顧客，否則就違背誠信原則，當顧客買到腐爛水果，會對水果行的水果品管質疑，若是事後老闆不願讓顧客重新換好的水果，久而久之，顧客就不會再光顧此間水果行，因為對水果行的水果品質有疑慮，也對老闆的態度不滿意，老闆的誠信換來的

是一種永續經營。將此事件用於教師班級經營中，在於提醒教師對於學生的行為言行改變應有高度的覺察力，教師是班級經營的專家，與學生互動甚為密切，若是學生行為與之前不同，或學生表現與之前有很大差異，或學生日常活動與經驗法則有所差異，教師就應積極介入查訪，愈早發現學生問題，愈能協助學生解決問題；愈早察覺學生行為的不當，愈能有效矯正學生的問題。此外，教師的言行要讓學生信服，教師的管教要讓學生安心，不要讓學生對教師的言行實踐程度有所質疑，如果教師班級經營的言行無法實踐履行，則學生不會信服教師，也會對教師班級經營採用策略的合理性存疑。

二、觀察敏銳力

不論是班級導師或科任教師對於學生的行為要能有效掌握與瞭解，這包括學生生理方面、心理方面、物品方面、學習方面等的改變，如學生外在的傷口、紅腫、瘀青；個人衣服或學用品的破損；學習態度的突然改變，變得不想上學，如找藉口請假不到學校上課；行為習性跟之前的差異甚大，如之前喜愛與人互動或開玩笑，活潑有笑聲等突然變得內向、沈默不語、不與同學互動講話等，對於同學行為或態度的突然轉變，教師要能立即察覺，此部分除靠教師個人觀察敏銳力外，也可藉由同學資訊的提供或他人的告知進行瞭解。平時老師與學生要建立良好關係，對於學生給予高關懷，以教育專業及教育愛取得學生的信任與依賴，信守承諾，在友善的班級氣氛中才能讓學生與教師無話不談。學生喜愛教師，才會願意親近教師，進而才會將所知、所見、所聞的事情告知老師，師生間若是亦師亦友的關係，師生關係才會和

諧，學生才會將心中的話坦白的告知老師。

　　身為教師（尤其是班級導師）對於班上學生的學習表現的進步或退步、品德行為的變化情形應有高度的敏銳度，「教師的眼睛要雪亮、教師的耳朵要清晰、教師的口語要理性、教師的行動要踏實」，如此才能快速發掘學生問題。學生學習困境面向是多元的，可能是學業問題、可能是同儕人際問題、可能是家庭問題、可能是情感問題等，當學生學習歷程中遭遇到問題時，學生會徘徊不前，情緒波動，此時教師若能及時介入協助，發掘學生問題所在，與學生共同討論發掘問題所在或困境來源，提供具體有效策略，則定能協助學生走過學習低潮或解決生活困擾，如果教師因專業知能或時間關係無法協助學生解決困境或困擾問題，應適時轉介至輔導室或行政處室，當學生遭遇到霸凌問題或受到他人傷害時，更需要老師適時伸出援手。以學生懷孕為例，校園中常發生任教班級老師或導師不知學生因網路不當交友而懷孕，或遭性侵懷孕，或發生一夜情懷孕，總是等到學生將孩子產下才知悉，有些學生產下孩子後因懼怕師長或他人知道，將新生兒丟棄或沖走，造成當事者的二次傷害，平時教師若是與學生關係良好、關心學生、樂於解決學生問題，則學生碰到上述問題，怎會不告知老師呢？這是身為導師者應該要反省的一點。

　　教師如果具備敏銳觀察力，留意學生的一舉一動、課堂學習情形，則學生懷孕的事件很容易察覺。學生懷孕的行為特徵：1.穿著的服裝較為寬鬆；2.體育課或動態活動藉故請假；3.常披外套而不脫下，即使是大熱天也會穿著外套；4.當事者會跟同學或周遭的人講是因為最近比較胖，身材才會跟之前不同。一位觀察力敏銳的教師，應該對學生的一舉一動、一言一行有高度的反應，當教師察覺學生的穿著與全班學生極大差異時，如天氣炎熱，全班

學生都穿短袖，為何單獨某學生還穿著長袖？或是遇到動態活動課程或體育課，學生長期生病或請假，則教師就應與學生個別會談，找出其真正緣由，因為除了先天疾患外，不可能整學期都生病或無法上體育課，教師若是察覺到班上學生有以上行為特徵，就應合理懷疑學生是否懷有身孕，如果教師能提早察覺，介入輔導，並請輔導室及輔導教師幫忙，猶可以亡羊補牢，避免許多憾事發生。

案 例

　　陳太雄是國中一年級的同學，個性內向，雖是男生但同學認為他講話娘娘腔，因而都稱呼他「陳太娘」，由於陳太雄喜歡獨來獨往，一個學期下來，並沒有談得來的朋友，對於部分同學叫他陳太娘，他也不以為意，因為這個綽號也不影響他的學習。

　　某天，陳太雄進到教室時，導師白幸芝發現其額頭紅腫瘀青，白老師問陳太雄為何會受傷，陳太雄告訴白老師因為昨天洗澡時，在浴室滑倒，額頭撞到浴室牆壁，所以才會紅腫瘀青，白老師聽完後叮嚀以後要注意安全，陳太雄聽完後點頭回答「喔」；回到家後，母親看到陳太雄額頭為何紅腫瘀青，陳太雄回答母親是今天在球場上體育課打球時與同學相撞，母親聽完話問陳太雄會不會很痛，陳太雄回答母親：「在學校已到保健室擦過藥，不會痛了。」母親也叮嚀他以後上體育課時要小心。

　　約隔一個星期，陳太雄進到教室後，體育服裝的背面被畫了一個叉，叉的顏色是紅色，二條交叉線歪七扭八，白老師看到後，回陳太雄是怎麼一回事，陳太雄回答老師是因為

一年級的妹妹跟他吵架，一氣之下把他的體育服裝拿出來畫造成的，白老師聽完後，直覺地跟陳太雄開玩笑說：「你妹妹很凶悍喔，回家趕快把紅色線條洗掉。」當天回到家後，陳太雄脫下體育服裝後，趕快自己用手清洗衣服上的線條，洗完後再把體育服裝丟進洗衣機清洗，等母親回家後，陳太雄已經把體育服裝晾在曬衣架上，母親回家時問陳太雄今天為何自己那麼勤勞，自己洗衣服，陳太雄回答母親：因為今天體育課流很多汗，體育服裝很髒，所以自己就先清洗了，母親聽完後，直認為陳太雄很體貼。

再隔一星期後的某天早晨，陳太雄突然告知母親他不想上學，他想要轉學，母親問他發生什麼事，他都不講，母親要親自帶他到學校，他也不要，陳太雄母親只好親自到學校拜會白老師，與白老師深談及同學告知下，才發覺陳太雄是受到同學欺凌，第一次是被同學打額頭，第二次是被同學在衣服上畫叉號，第三次是同學威脅恫嚇他，說要把他的衣服褲子剪破，嚇得他不敢再到學校，而有轉學的念頭。

上述案例中白老師第一次看到陳太雄額頭紅腫瘀青的情形，表示老師對學生的關心，白老師若於當天晚上打電話給陳太雄父母，則陳太雄被霸凌的情形，可於提早發掘。身為教師者應於第一時間相信學生所講的話，沒有明確的證據或經查證的歷程，教師不能跟學生說：「你說謊」或「你欺騙老師」，即使教師察覺學生說謊的機率很大，也不能立即反駁學生所講述的內容，因為學生之所以不敢向老師表白或誠實的告知實情，定有學生的緣由，如覺得自己有辦法處理自身遭遇的問題、受到威脅、怕將實情講出來會將問題變得更複雜，或怕被老師責罰等。

愈早發現同學被霸凌的事件，愈可以阻止霸凌問題，並將傷害減至最低，教師的一通親師溝通電話可以瞭解事件的始末，也可以表示教師對同學的關心，讓家長體會教師的用心與重視。現在手機普及，班級聯絡網的內容除了學生家中的電話外，也留有家長的手機，只要老師用心、具有敏銳的觀察力、落實親師溝通，則許多學生的霸凌問題也可發掘。

三、處理行動力

教師每天都要掌握學生的學習動態與行為表現，尤其是班上發生於同學間的爭執或吵架事件（幾乎所有班級中都有不同程度的發生率），教師根據上述各種資料來源綜合研判後，若發現有霸凌的行為或可能有學生間欺侮、恐嚇、打人等事件，教師要立即介入處理，處理時教師要查明事情緣由，針對霸凌者、協助加害者、煽動者等進行個別輔導與法治教育，並對受害者進行身心輔導與關懷，如果霸凌事件嚴重，或參與同學來自不同班級，或教師無法有效處理，則教師要立即尋求輔導室及學務處等行政單位的協助，在輔導專業人力的協助介入下若是還是無法有效處理學生間霸凌問題，則學校要透過支援管道尋求司法單位的協助。

教師從霸凌事件之目擊者或受害者處得知霸凌問題時，要積極介入處理，必要時須會同行政人員及施暴者家長共同會談討論，霸凌事件的查證必須分別對受害者、施暴者、參與者或局外人等分別進行對談，對談查證時處理霸凌問題的第一步，與施暴者對談時必須有技巧，因為多數的欺凌者或傷害者一般不會承認他們是霸凌者或參與者，定會否認其行為或將整個霸凌之傷害或欺凌行為淡化，有時會將事件的導因推給受害者，因而與不同人

員對話交叉驗證現場情形，還原霸凌事件的當事現況是非常重要的。

　　若是確認事件為霸凌事件，教師或學校相關人員必須立即通知施暴者的家長或監護人（最好當天就能聯絡到），請施暴者家長隔天務必到校與行政人員及教師親自對談，讓施暴者的家長／監護人知道事情的嚴重性，能與學校共同配合，確保於最短時間內阻止霸凌事件的再發生，教師告知家長／監護人的資訊是「請家長與學校共同配合改變或矯正學生的不當行為，導正他們偏差行為」，而不只是告知施暴者的家長／監護人，學校會對當事者採取何種處罰或記過方法（當然學生出現某些霸凌的偏差行為，消極的處理上，學校可能依校規處理）。如果霸凌事件是言語霸凌或關係霸凌問題，在問題處理上，教師就扮演重要的角色，教師若用心及用對方法，此二種型態的霸凌事件可以快速遏阻；如果是肢體霸凌事件中之受害人的傷害情節嚴重，或施暴者的行為惡劣，不服教師勸導者，輔導室等支援單位須立即協助介入處置。

　　親師溝通中，教師要將學校反霸凌政策讓家長知道，除外，也要請家長於工作忙碌之餘注意小孩的學習及行為表現，因為家庭與學校的共同配合才能有效預防霸凌事件的發生，讓霸凌事件的傷害減低到最低。不論小孩的學業表現為何、外表生理特徵為何、言談個性為何，沒有一位父母希望自己的小孩涉入霸凌事件，沒有父母願意聽到自己小孩是施暴者或協助加害者，更沒有父母願意聽到自己小孩是校園霸凌事件的受害者或潛在受害者，教師要把班級經營的目標明確讓父母知道：建構一個讓學生安心的、溫馨的、和諧的、有安全感的學習環境，讓學生無憂無慮的在此友善的情境中學習、成長，教師班級經營目標及學校反霸凌的政策訊息可藉由各種管道傳遞給家長知悉：1.藉由訊息單（訊息

單要有家長看完簽名回收條）、2.利用班級親師座談會、3.利用手機簡訊或電子郵件、4.利用家庭聯絡簿（先將資料用電腦打印好，剪下浮貼於家庭聯絡簿，家長閱覽完後於聯絡簿中簽名）。

　　教師於親師座談會中提供家長的訊息應包括請家長平時注意小孩是否有下列狀況或行為，若家長發現小孩有以下情況或行為改變需儘速與老師聯繫：金錢常不見或有多餘的金錢；物品常遺失、毀損或是零用錢無法負擔購買的物品；常說學用品被同學弄壞（多數學生會以同學不小心弄壞為藉口）或常購買新的物品（多數小孩會以向同學暫借來搪塞）；悶悶不樂不想與家人講話或是脾氣變得很暴躁，出現反抗向家人挑戰權威的行為；對事無力感，凡事興趣缺缺或突然有優越感，總是認為自己是對的；把所有問題都攬在身上，認為自己是最倒楣的人或是把所有錯誤都歸罪於同學，認為自己總是對的等等，當父母察覺小孩的行為突然改變或學習行為與之前差異很大，父母應自動與教師聯繫（快速便捷的方法是電話溝通，若是時間許可也可親自至學校與教師會談），因為上述行為顯示的是當事者可能是霸凌事件中的受害者或潛在受害者、施暴者或潛在施暴者，如果當事者沒有涉入霸凌事件，父母也可從與老師對話中發掘小孩行為突然改變的原因。

　　從偏差行為當事者的背景資料分析，許多校園有偏差行為或霸凌事件的加害者或協助加害者，其家長是無暇管教當事者，或根本不管當事者，因而對於當事者在校的行為表現如何根本不知道（有些是放任不管），對於這些高風險家庭，或家庭親職教育失調學生的行為輔導，就更需要教師力量的介入，此時，教師的觀察力、行動力、執行力就顯得格外重要，教師若是再放任學生不管，任由學生我行我素，則學生持續加害他人的情況會更為嚴重。

四、持續追蹤力

　　對於有嚴重不當行為或行為偏差行為的學生,甚至已有霸凌同學的學生,教師不是採取一次、二次輔導矯正處理策略外,就忽視不管,因為學生行為的變化並不是短期間即可改變的。教師要對這些學生進行持續追蹤的輔導與協助,隨時注意霸凌者、協助霸凌者是否有繼續再對受害者進行欺凌或威脅;或將標的目標轉移至班上其他同學,或別班的同學,教師如果用心於班級各項學習活動,關注於學生學習行為,與班上學生有良好的關係,則對學生問題行為的持續監控與掌握是十分容易的事。

　　霸凌事件中不僅受害者需要協助輔導,霸凌者更需要協助輔導,如果施暴者或協助施暴者的霸凌行為沒有獲得適當的教育輔導,在往後一個教育階段的霸凌行為會更嚴重,而且可能變為一種制約行為模式,習慣地對他人霸凌或加以傷害,離開校園後也可能常出現暴力或傷害他人的行為。霸凌者行為的改變,並非是經由一次輔導諮商或一次的告誡會談即可獲得改善,因為會演變為霸凌事件,表示施暴者或協助施暴者的行為已不只一次故意對受害者造成傷害,霸凌者本身可能有某些問題,如對任何事件持負向態度、錯誤的價值觀、自尊感的作祟、缺乏利社會行為、來自高風險家庭、無法控制自我憤怒、嫉妒他人的成功等等,教師或輔導人員要對症下藥,其最好的方法是查明施暴者或協助施暴者霸凌他人的真正緣由,針對這些原因對霸凌者加以輔導啟發,正由於霸凌問題較為複雜,因而多數需要學務處、輔導室等行政人員積極介入處理,有時還需要社工師、心理諮商師、警察等的介入。

　　利社會行為是一種兼顧他人生理、心理的助人行為,所以施

助者能在某人或團體有需要時，適時提供安慰、關懷、分享、捐贈等幫助行為。利社會行為的表現不要求外在的酬賞，施助者表現助人行為時並未考慮是否得到他人的回報，而純粹以助人為目的，因此它是一種自動自發的行為，以利他為目標並且不附帶任何酬賞的期望的志願服務行為。利社會行為能增進他人的利益，有時也能增進自己的利益，利社會行為是一種積極正向的行為，並且以能帶給他人或群體的利益為先決條件，施助者或是出於自願或自由選擇下接受請求，是能兼顧利人、利己的平衡行為。凡能兼顧以上三點者皆可算是利社會行為，班級活動之學生個體在與他人或社會的互動中，以他人利益為主要考量，且自願表現出有益他人的行為，雖不求外在酬賞，但有時亦能利益自己，包含助人、合作、關懷、志願服務等正向積極的行為等，皆可稱之為利社會行為（郭照婉，2010）。

　　從社會學習論的理論與實務而言，學生的利社會行為與其同理心、關懷心、同儕人際關係等均有關聯，利社會行為實踐較多或感受較高的學生，會有較多的關懷心、同情心，其同理心也會愈高，愈有同理心的學生愈不可能成為霸凌事件中的加害人；相對地，霸凌事件中的加害人或施暴者通常都是缺乏同理心或同情心，也較缺乏憐憫心，所以教育學生具有較高的利社會行為也是預防霸凌問題的策略之一。對於學生利社會行為感受或實踐高低的程度，教師除可從課堂學習中觀察得知外，也可藉用簡易利社會行為量表加以檢核，對於學生於量表得分極低的受試者，教師應加以注意（以下述量表為例，測量題項共有20題，得分在20分至30分者受試者的利社會行為極低，教師可配合課堂行為的觀察，瞭解學生利社會行為實踐程度）。

簡易利社會行為檢核量表（修改自郭照婉，2010）

	非常不符合	少部分符合	一半符合	大部分符合	完全符合
01.看到他人的東西掉了，我會幫忙撿起來。	☐	☐	☐	☐	☐
02.大掃除時我會跟家人分工合作整理房子。	☐	☐	☐	☐	☐
03.看到別人傷心難過時，我會主動安慰或拍拍他的肩膀。	☐	☐	☐	☐	☐
04.我會愛護公物，看到地上垃圾也會主動將它撿起來。	☐	☐	☐	☐	☐
05.自己的事情完成了，但是別人還沒做完，我會過去幫忙。	☐	☐	☐	☐	☐
06.我能和小組成員同心協力，完成每一件事。	☐	☐	☐	☐	☐
07.看到同學生氣時，我會試著瞭解他的感受。	☐	☐	☐	☐	☐
08.作掃地工作時，我會做好份內的事並將工具歸位。	☐	☐	☐	☐	☐
09.我會和朋友、同學問好微笑。	☐	☐	☐	☐	☐
10.我樂意參與慈善團體的助人活動。	☐	☐	☐	☐	☐
11.跟別人討論功課時，我願意把自己所知道的都說出來。	☐	☐	☐	☐	☐
12.分組報告時，我會依照小組長的分配去完成自己的工作。	☐	☐	☐	☐	☐
13.當班上好友沒來上學，我會打電話到他家關心。	☐	☐	☐	☐	☐

（續）

	非常不符合	少部分符合	一半符合	大部分符合	完全符合
14.在公車或火車上看到老人或孕婦時，我會讓座。	☐	☐	☐	☐	☐
15.看到家人或同學手上的東西太重了，我會幫他提。	☐	☐	☐	☐	☐
16.我會尊重班上決議的任何事情，並且確實遵守。	☐	☐	☐	☐	☐
17.當發現朋友悶悶不樂時，我會主動上前詢問原因。	☐	☐	☐	☐	☐
18.在團體活動中（如遊戲、球賽、拔河等），我都會盡心盡力為團體爭取榮譽。	☐	☐	☐	☐	☐
19.同學有好的表現時，我會誠心誠意祝福並祝福他。	☐	☐	☐	☐	☐
20.有課程活動結束後，我會願意留下來幫忙整理教室。	☐	☐	☐	☐	☐

　　為鼓勵學生展現利社會行為，培養學生正向品德，教師可利用每週或二個星期中某個早自修或課餘時間，定期舉行「好人好事表揚活動」，對於班上幫助人，或有利社會行為具體事蹟者，教師公開表揚，贈送小禮物（可以用班會購買）及班級獎狀，見賢思齊，楷模學習，有助於班上同學正向行為及利社會行為的養成。

　　自尊（self-steem）是自我評價產生的一種自我價值感，高自尊的人通常會同意以下的陳述語：「我覺得我有許多長處」、

「我用很正面的態度來看待自己」、「我覺得自己是有價值的人」;低自尊的人通常會贊同以下的陳述語:「我希望能夠更尊重自己一些」、「我覺得自己沒有什麼值得驕傲的」、「有時候我真的覺得自己是個沒有用的人」。個人的自我觀念不論是正向肯定,或是負向否定、不確定,基本上都是取決於個人對於自我能力、才華、個人與他人關係(同儕關係)、重要目標的成就等方面之主觀判別。高自尊的人持正向態度,抱持正向的自我感覺,自認是有能力、廣受他人喜愛、有吸引力的成功者;相對地,低自尊者則反映相反的態度或自我觀念,他們會認為自己是無能者、不受人喜愛的失敗者,研究發現,典型低自尊的人持的自我觀信念是不確定且充滿衝突的,對於人生的高低起伏或周遭事件過度敏感,此外,研究也證實個體的自尊感會隨他人的回饋,如他人的接納或拒絕而波動調整(李正賢譯,2011)。

　　就學生群體而言,低自尊的學生較缺乏實質快樂與自信心,對學習活動或同儕表現可能持較負向看法,面臨不如意、他人的批評(不論是善意或惡意)、或與他人發生爭執衝突時,比較無法忍受挫折,思考較不合理性,對於同學的接納或排斥感相當敏感,較無法肯定自己,認為自己是被老師或同儕忽略的一群,做事消極、缺乏信心,覺得自己沒有專長,為了顯示自我的權力或讓同學覺得:「在班級中我也是很有力量的」、或「我也是很重要的一員」,可能對平時他看不慣的同學或很機車的同學加以欺凌,從傷害他人的行為,找尋虛偽的快樂感。雖然霸凌者不全然是低自尊的學生,但自尊感低的學生,若長期沒有得到老師的鼓勵、同儕的接納扶持,變為霸凌者的機會很大,這就是為什麼老師要肯定學生、教導學生肯定自己、肯定彼此,多鼓勵少責備學生的一個緣由。

避免傷及學生自尊感的具體作法如：

1. 不要將班上最差的實作作品或作業展示給全班學生看，而此最差實作作品與作業又讓全班學生知道是班上哪位同學的，如果教師要展示較差的作品或成果供學生鑑賞討論或評析，此實作作品最好不是自己班上學生的，即使是別班同學的作品或作業，教師也不應將展示作品的學生姓名公告或讓同學知道。教師在展示較差實作作品的同時，不應加入個人主觀負向的評語，或以先入為主的用語制約學生的思考，如：「這是一件很差的作品，表示作者的藝術能力極差！」、「這位同學畫的水準只有幼稚園小朋友程度，可見畫的同學非常不用心！」，課堂學習活動，教師要展示較差作品讓同學評析，訓練同學賞析與評鑑能力，必須以中肯態度，對物而不對人，尤其不能將學生作品水準與學生用心程度、能力、學習態度等畫上等號。

2. 分發學科考卷時，不要一邊發考卷，一邊將當事者的成績報告出來讓全班同學知道，如：「陳建銘，62分」、「蘇敏惠，48分」、「陳思佳，78分」等，因為這對於考不好或學業成就較差的學生會造成心理的傷害，教師如要報告同學分數，可設定一個門檻，如70分以上才報出分數，低於70分以下者，發考卷時不報出分數，如此就不會讓成績較差或考不好的同學難堪。在班級經營中，教師應該體認：「學生成績不好並不是學生願意的，沒有一位學生不希望自己有好的成績，但由於學生資質間有很大差異，常態編班的班級中定有學業不佳或考試成績不好者，這不是學生的過錯，學生成績不好已很難過，教師不應讓學生再受到二次傷害。」

3. 請同學交互批改檢討考卷，檢討完後教師要統一收齊試卷親自登記分數，或請各科小老師負責收齊後登記，不要叫同學座

號，而讓被點到號碼同學大聲説出自己的分數，因為這種情形會讓全班同學知道某人考多少分，對於考不好或成績較差的同學會造成不同程度的傷害。從學生學習情形的評定中，教師如發現學生的能力與實際表現間有很大落差時，教師可私下與學生進行理性對談，探究學生表現不如預期的原因，並對學生加以鼓勵，而不要於課堂中公開指責學生不用功，或怒罵學生粗心大意欠缺認真，這樣的指責與怒罵是會嚴重傷及學生自尊。

4. 當同學出現不當行為時，不要於公眾場合或當著全班面前將同學叫到面前，而以有傷害性的言語責罵學生，如「你耳朵壞掉了嗎，老師講的話都聽不清楚」、「你不作怪會死嗎，真的是位惡劣的學生」、「你知不知道你的行為很差」、「你真的很差勁」等，教師可以以個人感受間接陳述對學生的不適切行為，並對當事人的行為表達意見（此為對事不對人），而不要對當事人的人格或整體行為加以抨擊（如「你全身上下沒有一項優點」），如果教師要責罰當事者，其用語較為嚴厲時，最好採用私下個別勸説，或私下個別責罰方式。

5. 不要以偏概全，就當事者的一個不當行為於公開場合批評論斷其所有行為的不當，或未來可能的成就或表現等，如學生因爭執發生暴力傷人行為，教師發現後非常生氣，於全班面前公開責備學生：「你的行為簡直跟黑社會一樣」、「一天到晚只會打人，沒有一項行為是值得嘉許的」、「所有老師都説你是位很『壞』的學生」等，教師責罰的用語是一種過度類推，也就是教育心理學「月暈效應」的作用。月暈效應會造成教師對學生有負向的刻板印象，這些負向的思維模式引導教師對學生展現負向的言行，嚴重打擊學生的自尊，影響師生關係的和諧與穩定。

霸凌議題與校園霸零策略

啟　示

　　方老師從年輕時就有慢跑習慣，常利用例假日至社區附近的學校操場慢跑。這一天，方老師照往例做完暖身操後才開始跑步，跑了幾圈後，有一位阿公帶著孫女到操場散步，阿公走在第八道，小女孩走在第七道，方老師經過這對祖孫時，會自然的從第六道超越。當方老師跑到第15圈時，看到小女孩走在第六道，阿公走在第八道，跑道第七道是空的，方老師直覺的反應是可以從第七道超越（因為此路段跑道沒有人使用），正當方老師從阿公及小女孩中間跑過時，阿公有點不快的以台語說：「這樣也要切過去」（表示二個人中間通路很窄，方老師也要硬跑過去），方老師跑過二人身影，聽到阿公的話連忙回頭跟阿公說：「對不起」，之後，不管小女孩走在第七道或第六道，方老師都從小女孩內側跑道經過。

　　方老師跑完後在司令台休息並調整呼吸，阿公從司令台走過看到方老師，腳步停了下來說：「少年仔，你從我們中間衝過去是很危險的，很容易撞到小孩。」方老師跟阿公說，他有看到小女孩走在第六道，第七道是空的才會從第七道跑過，說完又跟阿公說了一次對不起。方老師講完後，阿公又說：「看你的個性是很急性子，若是開車我看也是橫衝直撞的，這樣很危險的。」方老師聽完了，沒有對阿公再做任何回應，也沒有做任何辯解，因為方老師知道阿公是受僵化思維模式所制約，對他的行為進行以偏蓋全的錯誤推論，阿公直覺反應是不論祖孫間的距離多遠，任何人都不能從他與其孫女間的跑道用跑的通過。

116

　　案例中阿公不滿方老師從其與孫女中間穿越，認為跑者這種動作，會衝撞到小孩而發生意外，但阿公是否思考：「如果其孫女是按劃線跑道走，而不隨便變換跑道，後面的跑者怎會撞到他？」、「二者中間隔一個跑道，平時每個跑道不是讓一位跑者可以練習嗎？方老師從沒有人的跑道中間穿越怎會是錯誤的行為呢？」僵化的思維模式限制阿公的思考，導致阿公對方老師合宜的行為作出不合理的推導；阿公僵化的思維讓阿公對方老師的行為作過度的類推，從方老師跑步的習性，推論方老師的個性（是個急性子者），與開車習慣（是橫衝直撞類型），阿公的這種過分類推的思考，正是典型月暈效應的作用。僵化的思維模式會對他人的適切行為作出不合宜的推論，更會從當事者的部分行為表現，推導其整體的行為，或對其人格特質作出評斷。

　　班級經營中教師要考量的是對學生不當行為的容忍度，教師訂定的規則要明確合理，並考量實際的情況，如教師規定上課鐘聲響起，同學都要在坐在自己位置上，若有同學至福利社購買學用品，因排隊人多而擔誤一些時間；或是學生因為肚子痛上廁所未能準時進到教室；或是因為有事打公用電話給家長等等，教師均應加以容忍，「規定是死的、執行是活的」，教師若能從整體生態脈絡來評斷，才能贏得學生的尊重，讓學生覺得：「老師是講道理的」、「老師要責罰我們前，都會詢問為什麼」。此外，教師定要破除月暈效應迷思，不要從學生以往行為推導學生目前行為或未來表現，進行以偏概全的推論，如學生曾有偷竊紀錄，班級中有同學錢財或物品被偷，老師就把學生叫過來，質問說：「○○的錢是不是又是你拿的」、「○○的東西是不是又是你偷的」，「是不是又是你……」這句話不僅會打擊學生信心、傷害學生自尊，更會讓學生覺得：「原來老師到現在還認為我是一位

小偷」、「原來我在老師心目中這麼不受重視」、「原來老師對我的成見這麼深」等等,久而久之,學生會自暴自棄,而以尋求權利或表現不適當行為來提升個人的自尊,這樣的學生可能成為霸凌事件的加害人。

6. 課堂活動中,若是教師很明確知道學生不會,不要再刻意叫學生上台作答或起來回答問題(除非學生干擾學習活動的進行或課堂學習不專注),因為這樣不僅無助於學生的學習,反而會傷及自尊,如果學生沒有干擾教學活動進行,只是無法回答教師提問問題或書寫題目,教師不應嚴厲責罵學生:「連這個題目也不會!」、「這個也答不出來!」、「你上課到底有沒有在聽?這麼簡單的都不會!」等,因為學習是有個別差異的,每個學生的資質不同、理解領悟力不同,教師對每個學生的期許與設定標準也不應相同。

7. 教師設定的標準不應與學生真正能力間的差異過大,若是教師設定的標準或門檻是學生盡最大努力也達不到的,對學生而言反而不是一種激勵,而是一種教師表面的安慰語(正向思考),或嘲諷用語(負向思考);教師鼓勵的用語要正向,不應採用反向激怒的語言,如:「以你的聰明才智,老師不相信你這次可以及格!」、「你這麼笨,能考50分就不錯了!」,反向激怒語可以造成學生的誤解,造成師生關係的緊張,不利學生正向行為的養成。

8. 不論學生是否真的有偷竊、說謊、作弊行為,教師不應於公眾場合或全班同學面前指責或怒斥學生是「小偷」、「你說謊」、「你作弊」等,因為這些指認都會讓學生的自尊心嚴重受損,即使當事者的確有以上行為,教師也應私下勸導與告誡,私下與當事者會談處理,而不應於公眾場合怒斥學生。

案　例

　　六年級下個月要舉行戶外教學，五班導師希望同學這星期放學前，戶外教學費用500元全部繳齊。星期四早上第二節、第三節是自然與生活科技課程，同學到自然專科教室上課，上完課回到教室後，建太發現其要繳交的戶外教學費用500元不見了，一口認定是坐在後面的明泰拿走的，因為早自修到校時，建太告知明泰他今天帶了戶外教學費用500元，順便將錢包中的錢拿出來給明泰看，建太告訴老師只有明泰知道他錢包內有500元，導師將明泰叫至後面教師桌旁詢問是否有拿建太的錢包，明泰義正詞嚴的回答老師：「沒有」，明泰說建太真的有拿500元出來，但他真的沒有偷竊，但建太卻一口咬定明泰是小偷，還要導師搜查明泰的書包及口袋，老師因為沒有明確的證據，只聽建太所陳述的無法認定明泰有偷竊嫌疑，因而並沒有搜查明泰的書包及口袋，反而提醒建太是否將500元置放到別的地方，自己忘記了，導師請班長協助建太在書包內找尋，果然在國語習作中找到500元，原來第一節國語課在寫國語習作時，建太將500元拿出來，順手將錢夾於習作中，忘記將500元放回錢包中，找到錢後，建太自覺很不好意思，因為一時的疏忽而冤枉同班同學。

＊＊＊＊＊＊＊＊＊＊＊＊＊＊＊＊＊＊＊＊＊＊＊＊＊

　　光明是位隔代教養學童，由於父母離異，從小與祖母住一起，對於教師指派的回家功課，常無法如期完成，光明雖然學業表現較差，但並沒有重大違規行為或不當行為出現，只是對紙筆式的作業不感興趣。第二次定期考查前，班導師利用課餘時間出了數學與國語複習卷要同學回家練習，隔天，班上只有光明二張試卷全部空白沒有寫，導師檢查功

課後十分生氣，叫光明站起來質問其為什麼一題都沒有寫，光明說：「老師，我昨天回到家後頭有點痛，洗完澡、吃完晚餐後就去睡覺，所以功課沒有寫。」光明一講完後，同學們紛紛說：「老師，光明說謊。」原來，昨天下午上體育課時，光明還活蹦亂跳，打球力道還很強。老師告訴班上同學說，也許光明真的生病了，同學們不要誤會他。下課時，老師親自打電話給光明祖母，求證光明是否說謊，結果光明並沒有欺騙老師。

＊＊＊＊＊＊＊＊＊＊＊＊＊＊＊＊＊＊＊＊＊＊＊＊

平時考時，班導師有事至辦公室一下，雅倫見老師不在，一邊寫國語考卷、一邊低頭看表姐送給她的小說，坐在後面的同學永昌認為雅倫考試偷看課本，等老師回到教室後，永昌很大聲的告訴老師說：剛才雅倫趁老師不在時作弊，低頭偷看課本。班導師聽完後十分生氣，走到雅倫旁邊質問考試有無作弊，雅倫說：她沒有偷看也沒有翻閱課本，她剛剛看的是一本小說，與考試內容完全無關，雅倫順便把小說拿出來給老師看，抽屜內並沒有國語課本或國語習作。

上述三個班級經營的實務，即是偷竊、說謊、作弊的案例，班級經營的策略原則顯示：當眾指責學生讓學生受辱並不是最佳的處理方法，而當眾指責學生為「小偷」、「說謊」、「作弊」更是最不符合教師倫理守則的，教師可以當場糾正查證這些行為，但教師不應公開指責或怒罵當事者為偷竊者、說謊者、作弊者，即使教師查證結果，當事者的確有以上偏差行為，也應私下進行約談輔導，這就是規過於私室、獎勵於公堂的原則，這個原則可以避免傷及學生的自尊心，也是較為有效而符合倫理的處理策略。

在輔導開導期間，教師或相關人員（學校行政人員、輔導教師、霸凌者的父母）對於霸凌者的動態要加以掌握，隨時關懷詢問，改變霸凌者的想法與態度，教師的關注與用心，可讓霸凌者自我警惕：「老師或其他大人每天都注意到我的行為，不能再欺凌他人，否則很容易被察覺。」施暴者的自我警訊告訴自己要暫時中止對他人的欺凌或傷害；另一方面，從觀念或態度的改變策略著手、同理心的習得、自尊感的培養、強化法治、人權知能等，讓霸凌者或潛在霸凌者能真正知道其行為錯誤之處，對於衝突或看不慣之事合法、合理的有效處理方法等，此階段更要教師、輔導人員、霸凌者父母共同攜手合作，也需要所有班級學生的協助。

第二節　受害者行為的變化

Beane（1999）認為被霸凌受害者的學童可能會有以下的行為特徵出現：經常生病；經常抱怨頭痛、肚子痛或身體不舒服等；常規性的行為突然改變，如尿床、咬指甲、抽搐、失眠、沒胃口、心情低落、愛哭、做惡夢、口吃結巴等；似乎變得焦慮、害怕、情緒化反應、難過緊張，不願意把困擾他／她的事情說出來；改變上學的習慣路線、想要搭不同路線的公車、不敢自行走路或搭公車上學，請求家長開車載他上下學；學校穿著的衣服或個人使用的物品有抓痕、受損或凹陷破壞的狀況等，但沒有合理的原因解釋，或講出的理由藉口不可能；個人物品（如書本、錢包、衣服等）常常弄丟、壞了或毀損；上學攜帶「防衛物」（如刀子、叉子、或可防身的東西）或想要攜帶「防衛物」到學校；

突然對課業、學業、成績失去動機與興趣；朋友很少或沒有朋友，很少與同學互動聊天；放假時顯得格外開心／沒有異樣，但平常日則顯得鬱悶焦慮，上學前的假日更顯得心事重重或精神緊繃；談及或試著想離家或逃學；談及或試著自殺；非常在意個人的身體、體重、外表及穿著等；被老師或他人告知已經有霸凌其他同學的情形，行為變有侵略性、叛逆或無理取鬧（引自林凱華譯，2008）。

學生受到霸凌時，生理上、心理上或個人物件上會呈現相關可能訊息，教師或家長若仔細觀察，皆能發掘行為與之前的某些差異：

一、生理上

學生身上有難以合理化解釋的傷口，如紅腫、瘀青、割傷等，學生為掩飾其受到同學霸凌，常會以不小心撞到、摔倒、車禍擦傷等為藉口，或自行到診所包紮傷口。此外，經常告知家人自己生病、肚子痛、頭痛或人不舒服，要請假在家休息不想上學；失眠、做惡夢尖叫、沒胃口等。當學生受到肢體上的霸凌或生理上的傷害時，家長或教師很容易從學生外顯行為或身體上看出，尤其是身體外表的傷痕。受到霸凌的受害者由於受欺凌或受威脅的經驗，造成心中的恐懼，此種恐懼有時會藉由夢的方式呈現（精神分析學派的論點），或是由於害怕上學，因而會找各種藉口逃避，其中以身體的不舒服最多，為免家長發覺，學生會以不同的身體不舒服為理由，如今天頭痛、明天肚子痛、後天什麼痛等。

二、心理上

　　對課程學習沒有興趣、學習表現突然變差、在學校或家裡悶悶不樂、很少講話、變得過度文靜、改變上下學的路程，不喜愛上學或甚至不想上學。情緒表現上突然出現焦慮、膽小、沈默寡言，有時會談及關於自殺的議題。如果學生被霸凌的地點是上下學途中，受害者因懼怕再碰到霸凌者或其同夥，通常會變更上下學的路線，如故意繞遠路；或改變上下學時間，如提早出門或延後放學。前者由於繞遠路，因而到達學校或回家的時間變長，當教師發現同學到校時間變長，或之前總是準時到校，最近常常遲到，也無法説出遲到原因，教師就應特別關注，要立即與學生家長進行溝通；或是之前學生跟一般同學準時放學，但最近卻告知老師放學後可否讓其留在教室或辦公室等處看書，因為他不想太早回家（此時，學生可能會以家中沒有人或弟妹太吵無法專心讀書為藉口）。如果受害者受到霸凌者欺凌的地點是廁所附近的地方，則受害者可能因為懼怕而不敢上廁所，或是上廁所時一定要有班上同學陪同，在校園內受到霸凌的同學（肢體霸凌或威脅），因為心理或生理受到傷害，下課時不敢離開教室（關係霸凌或言語霸凌通常發生在班級內），會變得安靜無心學習，因而學習態度會變為消極，若是當事者沒有適時得到協助，則會變為負向的自我概念，如自我傷害或跳樓自殺的事件。

三、物品上

　　個人的書包、衣服、外套有所破損或被割壞，個人的學用品或書籍、習作不見或被破壞，甚至錢包常常遺失。當施暴者對於

受害者的物品或學用品長期進行破壞時，若被破壞的情況嚴重，受害者不敢使用或穿戴，此時，受害者會私底下以自己的零用錢購買新的物品；如果受害者沒有足夠零用錢購買，會向家長謊稱其物品遺失，若家長或老師進一步詢問如何遺失或不見，受害者會以「被誰拿走他不知道」、「被哪位同學偷走，他不曉得」、「他也不知東西是如何不見的」等等用語搪塞，其目的就是讓教師不知道其物品是如何遺失或是在哪個地方不見，不用繼續清查。就家長而言，如果發現孩子的學用品或物品常常不見，或是在校遺失，就應把情形告知老師；就老師而言，教師應與家長共同配合，詳細的訪談或調查同學是否有遭受到霸凌而不敢告知，因而物品若是偶而遺失或久久不見一次，可能是同學不小心掉落；如果物品或學用品遺失的頻率很高，則屬不尋常的行為，教師不能忽視不管。

霸凌事件中受害者物品遺失或遭破壞與班級中的發生偷竊事件是不同的，偷竊事件中的受害者不是相同的個體，偷竊者並沒有事先想針對某個同學的物件或錢財加以行竊，多數是臨時起意或是看到某位同學有自己喜愛而缺乏的東西等，有偷竊習慣的學生，偷竊的對象可能是全班學生，甚至連老師也是其行竊的對象，因而同學物品的遺失或不見，可能不會發生在同一個人身上，但霸凌事件中，物品被破壞或被行搶的當事人可能是同一人，且其物品或東西不見或被破壞的次數很多。偷竊是一種不想讓當事者看到的行為，霸凌事件中的搶、破壞行為是當著受害者前面的一種傷害行為，有偷竊行為者不一定是位霸凌者，偷竊行為與霸凌行為之公開搶奪或占有是不同的型態。

四、同儕關係

　　與同學互動嬉鬧的行為突然改變，與同學溝通互動的時間很少，不太喜愛與人講話，或常一個人靜默不語。課堂教學中許多教師總認為學生安安靜靜的坐在位置上，不吵鬧、不講話者最好，如果學生從以往到現在的課堂行為多是如此，則這可能是個人的人格特質使然，但即使學生課堂中是位安靜聽講的乖乖牌，課餘或下課時間也會與少數要好同學談話。很多遭受霸凌的受害者，因為心中受到傷害，學習變得無助，課堂行為有時會有很大的轉變，如之前課餘時間會跟要好朋友閒聊，現在變得沈默寡言，不愛與他人互動；有時一個人會坐在位置上發呆，或表現出不悅的面容。相對地，另外一種受害者，因為受到威脅或恐嚇，不會將遭受霸凌的情形很明顯的表現在課堂行為中，如與同學還是有說有笑，還會與同學溝通互動，這種同學若是沒有適時得到協助（需要目睹者或第三者的告知），也很容易發生自殘或跳樓事件，等到同學發生意外（如跳樓），有些教師及家長第一時間都會回應說：「〇〇同學（小孩）外表看起來都跟以前一樣，很正常，為何會發生這樣的事件，他們也不知道」、「〇〇同學開學至今，外表行為都沒有任何異狀」、「〇〇同學的行為表現跟以前差不多」。霸凌事件的受害人如果沒有告知老師，或目睹者沒有將事件向大人舉發，很多霸凌事件教師是不易發覺的，因為霸凌事件的發生都是選擇大人不在的場域，有其隱密性，間接的使霸凌事件的處理較為棘手。

　　霸凌事件受害者所受傷害可以以下圖簡要表示：

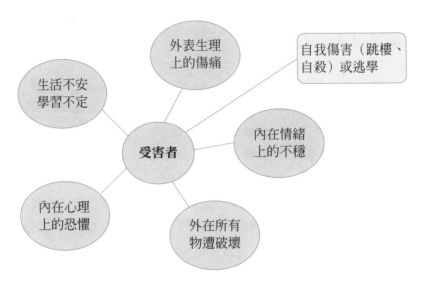

除了藉由課堂觀察與受害者外顯行為的變化外，教師也可不定期採用類似下面受害行為檢核量表讓同學勾選，作為發掘潛在受害者或可能受害者的輔助指標。

在最近這兩個月裡，有同學對你做出下面的行為，讓你感到不舒服嗎？ 有特定同學……	從來沒發生過	只發生過一、兩次	一個月兩到三次	大約一個星期一次	一個星期好幾次
1.故意替我取不好聽的綽號來取笑我。	☐	☐	☐	☐	☐
2.嘲諷我（如笨死了）。	☐	☐	☐	☐	☐
3.用難聽的話或髒話罵我（例如：白癡、哭夭、幹）。	☐	☐	☐	☐	☐
4.故意說不雅的話激怒我。	☐	☐	☐	☐	☐

（續）

在最近這兩個月裡，有同學對你做出下面的行為，讓你感到不舒服嗎？ 有特定同學……	從來沒發生過	只發生過一、兩次	一個月兩到三次	大約一個星期一次	一個星期好幾次
5.用尖銳、難聽的話來刺傷我。	☐	☐	☐	☐	☐
6.惡意說話詛咒我（例如：你去死吧！）	☐	☐	☐	☐	☐
7.惡意批評我的性別（例如：罵我娘娘腔、男人婆）。	☐	☐	☐	☐	☐
8.說話恐嚇我、威脅我（例如：你敢說，就給你好看）。	☐	☐	☐	☐	☐
9.故意對別人說我的壞話、缺點。	☐	☐	☐	☐	☐
10.散布關於我的謠言，讓其他人不喜歡我。	☐	☐	☐	☐	☐
11.故意叫其他同學不要理我。	☐	☐	☐	☐	☐
12.故意不讓我參加他們的團體活動。	☐	☐	☐	☐	☐
13.寫下批評我的話，傳給其他人看。	☐	☐	☐	☐	☐
14.強迫我要聽他的話，否則叫大家不要跟我在一起。	☐	☐	☐	☐	☐
15.不願意靠近我，跟我保持一定的距離。	☐	☐	☐	☐	☐
16.嫌棄我，不願意碰到關於我的東西（例如：我的桌椅、考卷）。	☐	☐	☐	☐	☐
17.故意捉弄我（例如：絆倒我、拿東西丟我）。	☐	☐	☐	☐	☐
18.故意對著我吐口水，或潑水。	☐	☐	☐	☐	☐
19.故意推我、擠我、撞我、捏我、踢我、毆打我。	☐	☐	☐	☐	☐
20.故意拿物品丟我。	☐	☐	☐	☐	☐

（續）

在最近這兩個月裡，有同學對你做出下面的行為，讓你感到不舒服嗎？ 有特定同學……	從來沒發生過	只發生過一、兩次	一個月兩到三次	大約一個星期一次	一個星期好幾次
21. 幾個同學一起打我。	☐	☐	☐	☐	☐
22. 把我鎖在教室、廁所或密閉空間。	☐	☐	☐	☐	☐
23. 故意脫我的褲子或掀我的裙子。	☐	☐	☐	☐	☐
24. 故意亂碰我的重要部位。	☐	☐	☐	☐	☐
25. 故意把我的東西藏起來（例如：課本、鉛筆盒）。	☐	☐	☐	☐	☐
26. 故意破壞我的東西（例如：踢我的書包、撕我的課本）。	☐	☐	☐	☐	☐
27. 故意丟掉我的東西（例如：早餐、課本）。	☐	☐	☐	☐	☐
28. 我不想借，卻硬逼我借他東西（如：玩具、文具）。	☐	☐	☐	☐	☐
29. 看到我的東西很喜歡，硬逼我送給他。	☐	☐	☐	☐	☐
30. 強迫我請他吃東西或喝飲料。	☐	☐	☐	☐	☐
31. 惡意向我借錢或東西，卻故意不還。	☐	☐	☐	☐	☐
32. 向我勒索財物（金錢或東西）。	☐	☐	☐	☐	☐
33. 強迫我的作業要讓他抄。	☐	☐	☐	☐	☐

（資料來源：修改自蔡靜思，2011）

對霸凌事件的受害人而言，教師是協助其免於持續遭受霸凌關鍵者，教師及早發掘及介入處置是非常重要的：

「受人霸凌受創深」

「孤獨懼怕隱特徵」

「發掘介入為良方」

「適時處置功效彰」

案　例

　　校慶運動比賽，六年級安排年級大隊接力比賽，每班男、女生各15名，六年六班班上的學生有32位，除了二位跑得特別慢的同學未參加外，其餘同學均參加比賽。班導師為讓同學接力更為順暢，依照同學100公尺的速度，依序將同學從第一棒開始排起，第一棒最快、第二棒次快、倒數第二棒最慢，最後一棒女生為速度普通的學生。建安在班上的速度是男生倒數第二名，因而排在男生的最後一棒，因為棒次是老師排定的，全班同學均沒有意見，老師也告知全班同學，如果前面幾棒可能跑進前三名且將距離接大，則接棒較為有利（老師之前的教學經驗），否則跟別班爭搶跑道，不僅容易掉棒且交接棒會較為不便。

　　比賽當天，有些班級排棒的順序是前段與後段棒次是班上較快的同學，而中間棒次是班上相對速度較慢的同學，建安碰到的同組別班同學的速度明顯都比自己快，且個子也高出自己一個頭，於是跟老師講可否將棒次稍為調整一下，老師安慰建安說：「不用擔心，你盡力跑就對了。」比賽槍聲響起，前半段六班的名次果然依照老師所期待的在第二名，第二名的結果維持13圈（操場是200公尺，大隊接力的圈數共15圈），至第14圈時，第三名的班級與六班的距離已很接近，至交接給建安時，是最後一圈（第15圈），建安接到棒後奮力向前衝，但由於別班的同組參加者人高馬大且速度明

顯快建安很多，因此紛紛超越建安，最後六班的名次變為第六名（倒數第3名，共有八隊參加）。

比賽結束後少數同學對建安的表現甚為不滿，都認為是建安害的，才會從第二名變為第六名，認為建安是「肉腳」（台語發音，表示跑的非常慢的意思），看到建安就說：「都是你害的」、「幹！肉腳，跑那麼慢」，之後，這幾位同學只要看到建安，就以「幹！肉腳」來嘲諷建安（言語霸凌），建安也自責說：「真的，是我害班上從第二名變為第六名的」（但其實建安已經盡力了），從此以後，建安對自己的那雙肉腳腿非常痛恨。

一星期過後，建安在美術課時突然拿起小刀往二隻小腿割了數刀，血流如注，同學看到後馬上告知任課美術老師，將建安送到保健室，再轉送到學校附近的外科診所診治與處理。

案例中建安是因班級活動引發的言語霸凌事件，起先同學是為班級榮譽怪罪建安，認為班級大隊接力沒有進三名都是建安一人的過錯，加上老師沒有提早發現班上同學對建安的誤解而介入處理，演變成言語霸凌事件，幾位同學紛紛以「幹！肉腳」來嘲諷建安，認為不是建安肉腳跑那麼慢，班上大隊接力就不會輸，建安也自覺是自己的過錯，要是自己有一雙快腿就不會讓班上輸掉，即使建安跟同學講他已經很盡力跑了，但同學還是認為是建安肉腳引起的。

上述建安受同學言語霸凌的事件演變流程圖示如下：

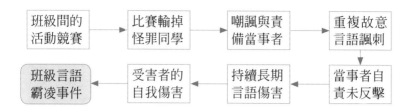

　　同學故意重複的對建安言語嘲諷，讓建安身心受創，非常難過，從嘲諷演變為霸凌事件，建安是言語霸凌事件下的受害人，加害人是班上少數幾位同學，建安由於覺得對不起班上同學，怨恨自己那雙被同學公認的肉腿，所以才會以刀子自殘，想把同學認為肉腿之肉割掉，讓它們成為一雙快腿。其實這種事件是可以預防的，大隊接力或任何班級間有多人參與的群體比賽，只要是輸，總是會有人怪罪於少數某些同學，認為班級會輸都是這少數同學害的（若是球類比賽，有時會認為是裁判不公，因而賽後對裁判任教的班級學生加以欺凌以作為報復），其中以班級間的大隊接力、趣味競賽或球類比賽等最為明顯。

　　班級間體育活動比賽完，若是有人怪罪或指責某些同學或某位參賽者，老師要立即介入處置，告知同學競賽中的運動精神的重要與名次的代表內涵，如果每位同學都盡力了，即使是最後一名也沒有關係，因為比賽總是會有輸贏，尤其是大隊接力，如果與你同一組的選手速度很快，那你要超越他的機率是很低的，這是一種群體比賽，輸時每位同學都有責任，若將輸的原因歸咎於某人是不對的。

　　此時，如果班上有同學將責任歸於裁判不公，對比賽結果不滿，教師更應介入輔導疏通，明確告知學生：「比賽時老師也有在場，就老師所見，裁判並沒有不公或偏袒於某一方。」即使老師也認為有對裁判的某些判決有意見，但教師也不能隨同學附

和，只能私下與裁判教師討論，否則事件會愈鬧愈大，變成班級間的衝突事件，或裁判教師與比賽班級學生間的爭執，教師應以教育立場告知學生，裁判教師是公平的，同學要有服輸的運動精神，對於同學所提的一些不同看法，老師會於課餘時間請教裁判老師，同學絕不能將目標轉移至裁判老師任教的學生，或對參與比賽的班級同學有任何不敬行為（言語辱罵、肢體傷害等）。

　　案例中的霸凌事件起因於班級間的競賽活動，學習活動或班級間競賽活動也可能引發霸凌問題，各種分組活動比賽或班級間的活動競賽都有第一名與最後一名，教師本身不要刻意要求名次，尤其是所有班級間的競賽都要求班上第一名，因為教師過度追求班級名次，反而讓班上同學得失心太強，對於輸贏結果看得太重。教師要教育鼓勵學生的參加所有活動都要準備，如果準備好且已盡力了，即使沒有得到非常好的名次，老師也很肯定參加同學的表現；相對地，如果參與競賽同學或從事學習活動馬馬虎虎、敷衍塞責、漫不經心，就是一種不負責任的表現。教師從日常學習活動著手，教育學生正確的態度與價值觀，培養學生正向的學習態度，是預防學生行為偏差的重要關鍵，也是霸凌問題的預防策略之一。

第 6 章

教師可以做什麼？

霸凌事件的預防與處理中，教師扮演著重要角色，教師是班級的領導者，有怎樣的教師就有怎樣的學生、有何種型態的教師就有何種型態的學生，教師是學生的重要他人，且為學生學習典範，平時教師除以身作則為學生楷模外，教學方法、管教策略、用語文字、解決學生間衝突等行為或作為都是學生效法的，因為教師的一舉一動、一言一行所有學生都看得到、都體會得到、都感受得到。教師可以做的事就是培養學生有正確的價值觀；創造友善安全的班級氣氛；幫助受害者儘速恢復正常；阻止霸凌者繼續對他人的傷害或欺凌行為；導正施暴者的行為等。班級教師可以具體幫助學生的是盡到教師職責，採用有效策略，建構友善班級氛圍與優質的學習環境，培養學生具備正向的態度與信念，讓學生體認個別差異的事實與宣示反霸凌決心，培養良好的師生關係，讓學生信任老師、親近老師，並能傾聽學生的告白等。

第一節　教師可以做的事

一、告知學生面對同學差異性的普世事實觀

班級學生來自不同家庭、不同成長環境，因而有不同的身心發展、人格特質，學習式態、智力與專長，在學習過程中，學習成效因同學不同而有程度上的差異，長大進入社會後，每個人的工作不同，只要是合法，靠自己勞力賺的錢，沒有人會質疑你、否定你，因而社會才有三百六十行。三百六十行、行行出狀元，天生我才必有用是一種普世價值信念與事實，教師可以明確告知學生每位同學與他人都有某種程度的不同或差異，與人「不同」

並不是一種錯誤或不對的行為（只要行為不是違法的）。從教育心理學多元智能的觀點而言，每個人的八種智能（語文智慧、邏輯─數學智慧、肢體─動覺智慧、音樂智慧、空間智慧、自然觀察者智慧、內省智慧、人際智慧）並非是均衡齊一式的發展，因為每個人的興趣與喜好不同，八種智慧發展程度不同，同儕間的個別差異沒有什麼奇怪的，奇怪的是同學故意做出惹人討厭的舉動，或蓄意傷害他人的行為。教師從班級經營中，明白的告知同學有關班級不一樣的特點，可培養學生尊重別人「不一樣」的行為或外表，因為在霸凌事件中，施暴者（加害者）常以對方與我們「不一樣」或「有很大不同」作為藉口，傷害或欺凌受害者。

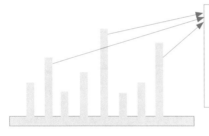

多元智能並非是齊一均衡發展，教師要發掘學生的優勢智能（長才）與個別專長，這是學生間不一樣的來源之一

此外，教師可利用相關課堂時間或彈性課程時間，讓學生知道下列的普世觀念（修改自Beane, 1998）：

「班上同學不需要長相都一樣。」（不可能也不必要）

「班上同學不需要打扮都一樣。」

「班上同學不需要聲調都一樣。」

「班上同學不需要話語都一樣。」

「班上同學不需要做法都一樣。」

「班上同學不需要想法都一樣。」

「班上同學不需要信念都一樣。」

「班上同學不需要成績都一樣。」

「班上同學不需要穿著都一樣。」

「班上同學不需要體能都一樣。」

「班上同學不需要胖瘦都一樣。」

「班上同學不需要高矮都一樣。」

「班上同學不需要發展都一樣。」

「班上同學不需要人格都一樣。」

「任何人都有權利成為真正的自己。」

「個別差異使學習變得更多元有趣。」

「個別差異使人人能成為獨特個體。」

「個別差異使大家更重視群體合作。」

「個別差異使社會能生生不息發展。」

「個別差異讓同學能學習他人優點。」

「個別差異讓同學能看清他人缺點。」

「對於同學信念與想法，我們可以不贊同，但我們須尊重。」

「對於同學做事與方法，我們可以不贊同，但我們須包容。」

「對於同學粗心與大意，我們可以不贊同，但我們須體諒。」

　　此外，教師也應將下列的普世觀念傳遞給全班同學知悉：「同學要以和平理性方式解決彼此間爭執衝突」、「同學要能以正義小天使身分舉發校園不公義的事情」、「當目睹或知悉同學受到不公平對待時，人人都能挺身而出」、「善待別人才能期望別人能善待自己」等。上述普世價值觀其實也是教師班級經營中要達成的目標之一，同學能具體實踐這些普世價值觀念，相信班級的同儕關係定是十分良好的，班級的氣氛更是友善的、溫馨的。正因為同學人格特質、家庭背景、資質能力、興趣專長、活動體能等不同，教師對同學設定的期望水準與學業表現不應完全

相同，否則無法達到適性教學目標，教師要以身作則，發掘學生的長才，「多看學生優點，少看學生缺點；多鼓勵學生正向行為，少批評學生負向行為；多欣賞學生好的表現，少責罰學生不好的地方」，教師期望效應的影響，多數學生會表現教師及同學讚許、認可的行為，收斂起教師及同學不喜愛、不認同的行為。

二、堅定校園反霸凌的決心與推動政策

　　教師從擔任新班級導師第一天起，就要明確的宣導校園反霸凌政策，讓班上學生知道霸凌行為不僅無知，而且是不成熟的行為；不僅傷人傷己，情節嚴重時也要負起相關的民事及刑事責任，班級及校園絕不容許有霸凌他人、欺凌他人、威脅他人、恐嚇他人等行為，任何人不僅不能霸凌或欺凌班上同學，更不能威脅或傷害別班或他校學生。當教師能一再告知學生霸凌或傷害他人的嚴重性，學生才會心生警惕，教師要堅定的讓學生知道：霸凌或傷害同學絕對依校規處理，絕不輕易寬恕（此部分教師還有彈性的處理策略，如是班級學生間的言語霸凌、性霸凌、關係霸凌等，對加害人加以輔導教育比直接採用懲處或嚴厲斥責方式更為有效），「霸凌他人或傷害同學是嚴重不對的行為」。教師還要教導學生相關的權利，如：

　　每位同學都有權利說「不」或「不要」（你「不」能辱罵我）。

　　每位同學都有權利告發惡意批評者、傷害者及欺凌者。

　　每位同學都有權利表達個人的看法、意見、想（做）法。

　　每位同學都有權利對侵犯者或嘲諷者做出適當的回應。

　　每位同學都有權利決定採取不會損害他人的行為活動。

每位同學都有權利跟他人說：「你沒有權利傷害責罰我」。

每位同學都有權利跟他人說：「你沒有權利這樣辱罵我」。

每位同學都有權利跟他人說：「你沒有權利這樣戲弄我」。

每位同學都有權利跟他人說：「你沒有權利這樣稱呼我」。

教師反霸凌政策的具體作為應落實於學生不當行為的處理上，從班級學生常規管理與紀律維護著手，教師能以合法、合理、合情的方式處理學生違反紀律行為、學生不適當行為、學生干擾學習活動的行為等，則教師的形式權威與實質權威才能獲得學生的信服。當教師班級經營很好、能有效處理學生不當行為，教師的班級經營策略獲得學生認同、家長肯定、同仁支持，則教師對反霸凌政策宣導與執行反霸凌的果斷力及決策力，才能使學生放心、才能使可能潛在霸凌者心生畏懼，而放棄挑戰教師權威的念頭。此外，教師也須於課堂中與學生進行校園霸凌事件的對話與人權法治教育，如霸凌者（加害者）、協助欺凌者、傷害他人者不僅違反校規，更是「嚴重不對的行為」，不管你有任何藉口，故意、重複的欺凌他人、中傷他人、排擠他人、威脅他人、恐嚇他人、勒索他人等就是違法行為，以暴力行為或攻擊方式傷害他人就是錯誤行為，教師要讓所有學生知道：

「沒有任何一個人願意受到他人傷害或受到不公平的對待。」

「沒有任何一位學生願意聽到認識的朋友受到他人的傷害。」

「沒有任何一位家長願意看到自己的孩子在學校受到傷害。」

「沒有任何一位教師願意看到自己班上學生受到他人傷害。」

　　「沒有任何一位行政人員願意聽到有同學涉入霸凌的事件。」

　　「沒有一位學校行政處室主任願意聽到校園發生霸凌問題。」

　　「沒有一位校長願意看到校內有任一位學生受到他人傷害。」

　　「沒有一位社區大人願意聽到社區學校發生校園霸凌事件。」

　　不論任何藉口，同學均沒有權利去傷害其他人，包括肢體傷害、口語傷害、情緒傷害、排擠孤立他人、藉由網路恐嚇威脅他人等，如果同學遭受他人不公平的對待或有任何委屈，應立即告知老師或家長，不能自行以非法、不合情理方式反擊或報復。教師（尤其是班級導師）必須讓學生知道以下事項：

　　1. 發生霸凌事件時，定會通知施暴者父母（或法定代理人），讓施暴者父母知道其小孩在學校做錯什麼事；霸凌事件嚴重時，會同時請警察介入處理，學校與附近警察單位已經建立非常好的聯繫管道。

　　2. 任何人不僅不能霸凌班上任何一位同學，也不能以任何藉口霸凌別班同學或他校的學生，故意傷害他人的行為是所有老師及同學都無法原諒的。

　　3. 老師與學務處等行政人員是有能力處理校園霸凌事件，整體教育政策清楚的揭示校園反霸凌立場，任何霸凌事件中的施暴者（加害者）、協助施暴者、煽動者等人，都是嚴重違反班級紀律及校規行為，其行為必然要受到不同程度的懲處。

　　4. 任何霸凌他人的行為（肢體霸凌、言語霸凌、關係霸凌、網路霸凌、性霸凌等）都是違反班規及校規的，傷害或欺凌情節

嚴重者必須負起法律責任,霸凌他人的行為不僅觸犯校規,也要擔負可能的民事及刑事責任,連帶地,父母親也要受罰,負起不同程度的法律責任。

5. 老師不僅重視同學的學業表現,更重視同學的人格操守;老師不僅重視同學的實作成果,更重視同學的品德行為,老師希望同學成績好,品性人格更好。

教育行政單位為宣誓反霸凌政策,於教育部全球資訊網建構一個專屬反霸凌的網站,對於校園偏差行為的輔導、學校處理霸凌人員及定期追蹤輔導等均有明確宣示(教育部,2011):

1. 對於學生偏差行為的輔導,由學校成立的防制霸凌因應小組,確認為霸凌個案,啟動學校霸凌防制輔導機制,針對加害、受害及旁觀學生進行輔導。若霸凌情形嚴重,轉介專業心理諮商人員協助輔導,務求長期追蹤觀察,導正學生偏差行為;若已有傷害結果產生,屬情節嚴重個案,通報警政單位協處及提供法律諮詢。

2. 學務主任、生教(輔)組長、導師或輔導老師是處理校園霸凌事件的主要人員,並且適時運用專業輔導資源及警政資源介入協助,輔導小組由導師、輔導老師、學務人員、社工、少年隊、雙方家長等人員共同參加。

3. 經學校輔導評估後,仍無法改變霸凌偏差行為之學生,得於徵求家長同意轉介專業諮商輔導或醫療機構實施矯正與輔導;學校輔導小組仍應持續關懷並與該專業諮商輔導或醫療機構保持聯繫,定期追蹤輔導情形。

教師可將教育部反霸凌政策網連結於班級網站中,並明確告知學生反霸凌政策是教育行政部門及學校列為優先推動的重要政策,不僅各級教育官員、校長、主任、教師、教官重視霸凌問

題，連社區人士及家長都很重視霸凌問題，同學不要以身試法，否則會動員相關師長、教官、家長、警察等介入處理。當教師一再告誡同學、一再教育同學：「霸凌他人問題的嚴重性」、「霸凌他人的可能後果」，則學生自會謹慎處理其行為方式與對待同學的方法，可有效減低同學出現傷害他人或欺凌他人的行為。

三、建立良好師生關係，能真正傾聽學生的告白

　　良好師生關係，是學生願意將心中之事或所遭遇困擾告知老師的前提，當學生遭遇問題或碰到困擾要告知老師時，教師傾聽的能力就變得十分重要。教師傾聽時要讓學生覺得老師是誠懇的，老師是真正願意花時間聽我説出內心的話語。傾聽就是打開教師的耳朵、閉起教師的嘴巴，為讓同學能感受到教師很重視他講的內容或描述的事件，教師可以配合肢體語言或引導式口語，前者如面部表情、點頭、身體前傾，不要接聽手機或再與其他人講話，處理其他事情等；後者的口語應用如「他們真的這樣罵你？」、「……真的這樣做？」、「老師會幫你處理」、「這個部分您是否可以再詳細描述些」等。校園中若是學生受到霸凌，尤其是關係霸凌，如果身為家長忙於工作，親子溝通之家庭教育功能沒有發揮，教師又因個人因素不願傾聽學生內心的話語，或是聽到了也不積極介入處理、幫助學生解決問題，則學生是孤立無援的、是無助的、是徬徨的、是悲傷的，此種類型的學生有很多都會走上自殺一途（其中以採用跳樓結束生命最多）。

　　許多學生自殘事件都是因為學生在學校遇到問題或遭受霸凌時，無法獲得協助解決，之所以無法獲得教師的協助，主要原因是受害者沒有將霸凌事件或所遭受的困擾告知老師，旁觀者

或目擊者也沒有將事件的真相告訴老師，如果受害者外表行為上沒有什麼特別改變（外表裝作沒有什麼事，其實內心是十分痛苦的），把所有不如意之事藏匿起來，則老師或學校就沒有相關資料可查，老師也無從得知。此時，若是當事者發生意外或自殘（如輕生跳樓），學校及教師於第一時間會說：「學生在學校沒有受到霸凌的紀錄，學生的自殺可能是其他因素引發的」；「當事者之前都沒有什麼異樣，事件的發生可能純屬意外或家庭因素導然」。以中小學學生而言，其最大的困擾或壓力源為課業壓力，其次可能是家庭因素（父母不和吵架、經濟因素、家庭遭受變故、被父母責罵等），排除學生課業壓力及家庭壓力二大變因，許多學生的自殺可能與其受到霸凌有關，因為長期受到欺凌，生理與心理受到極大傷害，加上缺乏協助支援系統，因而才會以自殺結束痛苦的校園生活（其實學校有良好的支援輔導體系，如輔導室有專門輔導教師、各處室的行政人員、教師等都可協助學生處理困擾問題，此外，學校也會根據問題請求社工師、諮商心理師、警察等的介入處置），如果師生關係良好，學生有任何困擾或困難都願意告知老師，則許多學生問題都可迎刃而解，或做好各項預防輔導。

教師沒有用心觀察，怎麼會察覺學生行為的異樣；平時師生關係不良，教師缺乏耐心傾聽學生的告白，學生怎麼會將所受的傷害情況詳實告訴老師；教師班級經營的態度讓學生覺得教師不是一位十分稱職及熱心的導師，學生怎麼會將目睹到的霸凌事件向老師舉發，教師沒有察覺到班上學生涉入霸凌事件，當然沒有任何相關資料可以查閱，此種情形與社會犯罪率情形相同。在一個高竊案的城市，若受害人都沒有報案，則警察機關可能認為城市的竊案很少，因為報案者不多，其實相關單位認為竊案很

低，是因為受害者多數沒有報案，市民認為向警察機關報案也沒有用，因為破案率很低，警察人員處理竊案的態度讓市民覺得有欠積極；相對地，如果警察人員對竊案處理態度用心認真，相信受害人發生竊案事件時，不會自認是自己倒楣的結果，而會勇於向警察機構報案，破案率提高，讓偷竊者負起相關法律責任，則竊案率自會下降。竊案事件之受害人不想報案的想法，與霸凌事件受害人的想法相同，都會自認是自己運氣不好才會碰到倒楣事情，而受害人之所以會認為是自己運氣不好，是因為對所處生態環境的人事物等不放心導致。

　　一位有教師資格者甄選上正式教師後，即可以把教職工作視為一種「職業」，把教職工作視為職業是身為教師者最根本的信念，此信念並沒有錯，但把教職視為一項「職業」並無法彰顯教師的專業與熱忱。一位稱職的教師最基本的職責是「敬業」，敬業是盡到教育者應負的基本責任與義務，如準時上下班、按時批改作業、依課程進度完成教學工作、依照評量準則進行學習活動評量、準時繳交成績及各種表格、以身作則為學生典範等；此外，更要喜愛教育工作、從工作中發掘樂趣、以教育工作者為榮、從教學活動與學生成長中獲得滿足等，此乃教師的「樂業」，一位「樂業」的教師，因為喜愛教職工作，所以會不斷創新，有創新才會有活力；有活力更能激發個人持續的創新與工作投入。敬業與樂業還不能稱得上完全稱職的教師，一位稱職教師除了敬業、樂業外，還要把教育工作提升為一種「志業」，視教育為志業者，教師才能反思自己的教學，改變自己的策略，發掘學生的問題、診斷學生問題、提出適合的因應策略。學生問題包括學習問題、生活問題、個人問題、家庭問題等，如是學習問題，教師可採取補救教學及同儕輔助學習，或改變自己的教學

進程及方法；如是家庭經濟問題，教師可藉由通報機制及班級同學與家長幫忙協助；如是生活適應問題，教師可採用教育方法或行為改變技術，循序漸進加以輔導，或轉介輔導室等由專業輔導人員加以協助；如是霸凌事件，教師必須配合學務處、施暴者家長、輔導室共同加以處理，將教育工作昇華為「志業」，則教職的工作是充實的、是忙碌的、是快樂的，教職的「職業」工作是有意義的、是值得人人尊敬的。稱職教師對教育工作態度的循環圖如下：

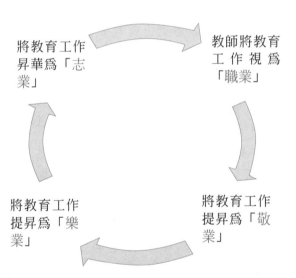

　　負責的教師除了傾聽學生的告白與發掘學生問題外，重要的是知道學生有了問題或麻煩後，能積極介入處理，不稱職的教師會以下列理由搪塞：課餘時間不夠、專業知能不足、我不是學生的班級導師、請教官來處理等，盡職的教師是不會以任何藉口來忽略學生在學校遭遇的問題或麻煩，當教師覺得霸凌事件或學生衝突事件自己可能無法有效處理，或自己已花時間處理但成效

不彰，此時教師可以請輔導室介入處理，一般學生的常規性問題可轉介至輔導室，請具有輔導專業背景的專任輔導教師及主任介入處置，如果是霸凌事件中的肢體霸凌、嚴重口語霸凌等，教師必須配合學務處、施暴者的父母共同處理霸凌事件（性騷擾、性侵害等事件，教師必須配合輔導室介入處置），學校行政處室若能積極協助、介入處理，則教師在處理霸凌事件時更能收事半功倍之效，學校行政是對教師及學生服務的，若行政能作為教師後盾，教師與行政人員密切配合，則霸凌事件的傷害通常可降低到最小程度。

　　有些教師會將學生的管教問題或不當行為處理的責任全推給學校教官，自己只負責教學工作，如課堂教學中有學生發生衝突打架，教師即離開教室，告知班長，叫班長至教官室請教官來處理，教官處理完畢，班長再轉告任課教師，教師才要進到教室上課，或者是課堂教學遇到同學吵鬧或出現干擾教學活動行為，任課教師隨即離開教室，因為任課教師認為課堂秩序維護是班級導師職責，同學爭執問題的處理是教官的責任，有此種做法的教師即是未能真正領悟「教師的權利與義務」、未能展現敬業、樂業的精神所致，此類型的教師只是所謂的教書匠，並非是教育者。身為教師者，應有以下體認：

　　「教師不僅要教書，更要教人；教師不僅說教，更重視啟迪。」

　　「教師不僅要教知識，更要教做人道理。」

　　「敬業、樂業的教師才能展現教師專業。」

　　「昇華教職工作為志業的教師更能贏得學生認同、家長肯定。」

　　「教師不僅要讓學生學業表現好，更要讓學生人格品性更好。」

啟　示

　　有位顧客到百貨公司閒逛，逛到電器部門時，服務員剛好進洗手間，這位顧客順手摸走一支展示手機，服務員發現展示的手機不見後，認為此手機不貴，自認倒楣自己賠償了事。由於第一次成功得手的經驗，這位顧客認為行竊很簡單，只要趁服務員不注意及沒有人看顧即可以下手。第二次他又到同一間電器部門，服務員正好向其他顧客介紹展示的新手機，小偷看到背對服務員的櫃子沒有關，趁大家沒注意時偷走一支更昂貴的手機，小偷食髓知味，直覺在這家電器部門行竊是件很容易的事情（此小偷不知此部門因二次發生手機被偷，調閱監視器已掌握他的面貌，並報請保全假裝顧客全天在店內監視），等到他下次再下手時再當場捉住。第三次他又假裝到這間電器部門閒逛，看到櫃子展示的幾支新手機都很昂貴，小偷看到服務員不注意，迅即走到新手機展示櫃取走二支手機，說時遲那時快，正好被監視的保全捉住，人贓俱獲，小偷無法狡辯，儘管再三懇求，保全還是把他移送警察局。

　　上述案例中，部門第一次遭竊，一支手機被偷，服務員自認是自己倒楣，因而自己賠錢，服務員殊不知自己這樣的認知與態度，不僅無法有效遏阻行竊者偷竊的行為，反而助長偷竊者的行為，小偷誤認行竊手機是輕而易舉之事，因而第二次又丟失一支更昂貴的手機，如果服務員沒有調閱監視器，告知相關人員及保全，第三次的遭竊損失更大。就霸凌事件而言，案例中的小偷類似加害者、服務員類似受害者、有權利的保全員類似教師，受害者遭受霸凌，若跟服務員一樣自認倒楣，認為忍受一下（賠償金

錢），受害者欺凌行為即為結束（不會再有第二次被偷的事件發生），由於受害者沒有向大人舉發，就會繼續遭受加害者更大的傷害，教師可以用此種類似案例與學生討論，讓學生知道向老師舉發霸凌事件的重要性。

四、瞭解每位學生，關注可能的潛在霸凌者

　　某些學生之所以成為施暴者或霸凌事件的參與者，其霸凌行為的產生通常會與平時發生的某些行為或事件有關，這與學生自殺前會有某些自殺癥候類似，如愛看相關自殺的書籍、查詢偶像明星自殺情形、詢問一些有關自殺的事情、討論人死後靈魂的問題、表示人活著的時候很痛苦等。霸凌事件中的施暴者，其行為或表現在班級學習中多數會有以下特徵：在班級中常有不當行為出現，或是班級中被老師認為是「頭痛」學生；無法有效處理自己的憤怒或控制自己的情緒，與同學發生爭執或衝突時，多以暴力行為或攻擊行為傷害對方者；學習興趣低落、對任何學習活動多缺乏動機或興趣者；個性衝動或有習慣性毆打、威嚇或傷害他人者；喜愛與人比較競爭，不服輸，愛出風頭等。

　　班級中哪些同學是衝動性格、常出現暴力行為、嚴重違反班級常規或紀律者等，身為班級導師應該非常清楚，平時，教師應多掌握這些少數同學的動態，多給予關注並個別對談，動之以情、說之以理，讓他們知道以施暴者立場傷害或詆毀同學是不對的，不管是肢體傷害、口語傷害、或毀損對方物品等。對於這些潛在的霸凌者，教師若是再以斥責、懲罰甚至體罰方式來對待他們，會讓他們的憤怒更無法獲得控制，怨恨情緒更無法宣洩，本來只是發生於班級中的違規或單一暴力行為，可能擴大為霸凌事

件中的施暴者，此種教師處理不當，導致學生衝突擴大或延伸為更嚴重的暴力行為事件，即班級經營中的「蝴蝶效應」。

為讓每位學生都能參與班級活動，教師應多看學生優點，少看學生缺點，多讚美、鼓勵學生，所謂「鼓勵不嫌多、讚美要適時」；發掘每位學生的強勢智能與長才，安排多元類型或不同的學習活動，讓每位學生都有表現的機會。有些教師會認為「這個學生是班上所有任課老師公認最頭痛的人物，哪有什麼優點」、「教到這個學生實在有夠倒楣」，如果班級老師持以上想法，則可能發生教育心理學的比馬龍效應（期望效應），老師及同學都認為這樣類型的學生，一無是處、沒有什麼優點，因而老師只會採取嚴厲責罵與處罰等方式來處理當事者的不當行為，班上同學也會看不起他，或與當事者保持距離，久而久之，當事者自會朝向老師及同學心中所認定的「壞學生」類型，表現所有的不當行為。其實沒有一位學生希望被師生標籤為「壞學生」或「很差的學生」，所有學生都希望得到老師的鼓勵或稱讚，「沒有任何一位學生是完全沒有一項長才或優點的」，只要老師加以細心觀察，規劃多元的學習活動，對這些學生加以鼓勵或稱讚，學生的行為也會改變。

有些師生衝突事件中，學生會直接回嗆老師說：「對，我就是沒有什麼優點，只會調皮搗蛋」、「沒錯，我就是你們公認的壞學生」、「沒有錯！我功課不好，品行也不好」、「我就是這個調調，如果你看不順眼，不然就記我過好了」，當學生說出這些話語的時候，其實其內心也是很難過、很無助、很沮喪的。其實每個學生都很喜歡得到老師的肯定與讚許，得到班上同學的重視，沒有人天生就願意放棄自己，沒有學生一進到學校就想自暴自棄的，沒有一位學生編到新班級就願意被老師標記為「壞學

生」；任何一位學生都想被人認為是好學生，是位循規蹈矩的學
生，能受到老師的關愛與認同、受到同儕的接納與喜愛，因而教
師的期望與態度是非常重要的。其中重要的一點，是教師不要只
看學生過去的缺點與不好的行為，而應從現在起，鼓勵學生表現
令人肯定的正向行為；不要只在意學生之前不當的行為，而應從
現在起，鼓勵學生展現值得同儕認同的好行為，如果教師一直關
注學生之前不好的表現或不當行為，則刻板印象的作用與月暈效
應的影響，就不會看到學生「好的一面」與優點，長久下來，此
類型被老師認為是「常調皮搗蛋」的學生，因為從沒有獲得老師
的鼓勵、愛與關注，學生會自我放棄，不當行為愈來愈多，漸漸
地變為師生公認之「頭痛的學生」。

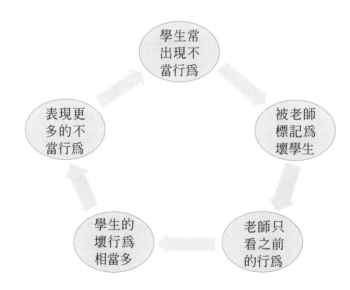

思考問題

　　班級經營實務中，常會出現教師管教學生受到學生反嗆，或受到學生暴力反擊，如毆打老師或踢撞老師等，這些學生有些是本身生理因素導致、無法有效控制憤怒或情緒，有些則是長期對教師不敬重，外表吊兒郎當，對學習毫無興趣，如果是學生敢傷害老師，則這些學生一定敢傷害其他同學，因而變成霸凌事件加害人的機率非常高。校園中若是某一學生有傷害教師的行為，教師是否提告應視學生個別差異與當時事件發生的脈絡而定，如果學生是初犯或某些病理因素導致，教師應讓學生有改過的機會，此種情境下提告較為不宜（其實多數教師的做法也是如此，多以教育的觀點原諒當事者，尤其是有原生性疾患的學生，如有情緒困擾、有躁鬱症、有過動症或自閉症者），但若是當事者暴力攻擊教師的行為已有多次紀錄，當事者是累犯而非初犯，此時受害教師不應姑息，最好提告讓學生受到應有的懲戒，讓當事者為自己的不法行為負起應有的法律責任，否則教師屢次原諒當事者，而學校又無法有效輔導當事者，導正肇事者行為變本加厲，此種姑息的結果只會衍生更大的校園暴力問題，試想：「一位常對教師有暴力行為的學生，怎會保證其不會對其他學生有更嚴重的暴力行為呢？」學校是教育機構，不是司法機構，但如果單靠教育輔導力量無法矯正學生的偏差行為、改善學生的暴力行為，學校也不能放任不管，採取消極逃避作為，必須尋求適當的單位介入；當然如果介入輔導或正向管教方法可以改善當事者的暴力行為，則教師是否提告，可能受害教師又會有不同考量。

　　校園發生學生以暴力行為傷害老師的事例後，受害教師多數不會提告，怕被社會大眾標記為沒有教育愛的老師，社

會大眾認為：「學生總歸是學生，總有犯錯的時候，為何教師不給犯錯者一個改過自新機會」、「老師應再給學生一個改過向善的機會」，重點是之前也有老師給學生機會，為何學生還一再犯錯，這種單靠教育輔導力量也無法有效導正具暴力傾向的學生，學校及教師就應尋求適當的支援系統（請少年隊、輔導專業機構等介入處理）及更積極的策略，不能採取消極態度，如希望學生轉學（轉學只是將學生問題丟給別所學校，是最不負責任的處理方式），或要家長保證學生不再犯錯，否則……。身為教育者要體認：教育不是萬能，教育也不是無所不能，教育總有其限制，會以暴力攻擊教師的學生雖屬校園案個案非通例，但這些個案對校園生態或班級氛圍影響甚大，教師及學校定要妥慎處理，否則可能會衍生更大的校園傷害事件。

五、釐清學生間嬉鬧吵架與霸凌行為間的差異

　　有些教師及家長誤解「霸凌」一詞的用語，認為同學間嬉鬧吵架的肢體衝突為肢體霸凌行為，或是將同學間一時不和的氣話誤為言語霸凌，或是同學因吵架而暫時不與某位同學講話的事件，誤認為關係霸凌行為（關係霸凌指的是霸凌者試圖讓班上所有同學孤立或討厭某個人），由於師生或家長的誤解或無限上綱，將班級同儕間的爭執擴大為校園霸凌行為，造成班級學生、家長的寒蟬效應，家長認為「這個班級有少部分學生的行為很惡劣，考慮將小孩轉校」，學生認為「班上有品行很差的同學，會打人還會攻擊人，在這一班很沒有安全感」，社區人士認為「這

個學校出現校園霸凌問題,學校的辦學出現了問題」,若是加上報章媒體的擴大報導,則對學校會造成很大的困擾,對全校學生造成很大的恐慌,對全校教師造成很大的壓力。

霸凌行為必須是一種權利不對等的關係,其行為是一種蓄意的、重複的、欠缺合理性的理由,施暴者或傷人者對受害者的霸凌行為是連續的、刻意的,一再對受害者施予暴力或傷害行為。同學間的嬉鬧爭執行為引發的攻擊或打人事件只是一種暴力行為或同學間的打架行為,此種行為不能界定為霸凌行為,如和堂是位有情緒障礙學生,無法有法控制自己憤怒的情緒,只要與同學嬉鬧玩耍常會打同學,被打同學與和堂並沒有權利不對等的關係,也沒有「強欺凌弱」、「大欺負小」、「壯碩欺負矮小」、「年長欺凌年幼」、「學長姐傷害學弟妹」的情形,加害者也沒有重複對其中一位同學施暴,受害者都是課堂或課餘時間與和堂玩耍或嬉鬧的同學,和堂打人或傷人的行為是在教室中,全班同學都可目睹到(一般肢體霸凌都發生在教室外,師生很少看到的地方,言語霸凌及關係霸凌多數是教師不在現場的情境),和堂是因無法有效控制自我情緒,才會打傷同學,經老師勸導後也自知不對,立即向同學道歉。和堂的傷人行為不應界定為同學霸凌行為事件,因為他肢體傷害同學並沒有蓄意、重複,而是隨性或臨時起意的。

幫同學取綽號與言語霸凌間有密切關係,許多施暴者藉由對方的外表取其不雅的綽號,教師應告知同學,若替同學取的綽號不雅或讓對方感覺不舒服,或對方很不想聽到這個稱呼的綽號,則同學就不應再以此綽號來稱呼對方。綽號是否有隱含言語霸凌及性霸凌,要視對方是否有不舒服的感覺,或此綽號是否有辱罵或貶抑對方,或傷害對方的意思,如果「有」(通常是負向的

用語），則不應以此綽號來稱呼對方，長期、故意以不雅綽號來稱呼同學，是「言語霸凌」中最常見的一種方式，如班上某位男生身高特別矮（身高與同年級男生平均身高差異較大），同學以「矮冬瓜」、「矮胖子」、「矮仔樹」等綽號稱呼當事人，若是當事人認為這個綽號對他的生活或學習沒有什麼影響，或是以此綽號叫他的都是他班上要好的朋友，他聽到後並沒有什麼不舒服的感覺，則此種綽號只是要好同儕間的一種「代號稱謂」或「暱稱」，教師不用刻意去導正。在中小學班級學生的人際互動中，有些很要好的小團體同學，彼此私底下會以各種暱稱或綽號稱呼對方，他們稱呼對方的綽號或暱稱完全沒有貶抑或傷害對方的意涵，而是一種「友好」關係的表示，教師或家長知悉後不必對此種行為反應過度，最佳的策略是教師不用介入，因為這也是同學間的一種次文化行為，此類型的次文化行為不僅不會傷害同學彼此間的友誼，更可增長他們友好的情誼。

　　有些非中性綽號，在他人眼中可能是種不雅的稱呼，但若是當事者沒有覺得任何不舒服或不如意的感覺，且以這種非中性綽號稱呼當事者的人是當事者班上要好的朋友，則此種非中性綽號，教師可以不用管它，如要好同學間以「肥肥」（其實同學並不肥胖）、「美美」（不是一種反諷的用語）、「水蛙」（同學體育很好，徑賽跑步及游泳都傑出）等互相稱呼，這不僅不是不好的現象，反而顯示這幾位同學間交情不錯，同儕間的感情很好，此種行為跟言語霸凌完全無關。

　　相對地，同學若故意以「矮冬瓜」、「矮胖子」、「矮仔樹」等綽號稱呼當事者，當事者聽到這些稱呼時，心中覺得有被嘲笑或被傷害的感覺，且要好的同學間反而不會以這些綽號稱呼當事者，則此種綽號對當事者而言，就可能構成「言語霸凌」，

如果有同學向老師告知：「班上……都叫○○○為矮仔樹，○○
○聽到後哭得很傷心」，或「班上……都叫○○○為矮胖子，○
○○聽到後很難過，很想哭」、「班上……嘲諷○○○長得很
矮，都故意叫他矮冬瓜」等，則教師應立即積極的介入處理，對
班上同學安排同理心的輔導教育活動，讓同學知道暱稱與傷害性
綽號的差別，如果故意以當事者的生理特徵或行為困擾作為嘲笑
或諷刺的內容，則此種欺凌行為可能就是言語霸凌，言語霸凌的
內容若是以受害人的性特徵為主，則可能就是一種性霸凌。言語
霸凌或性霸凌的構成要件，定是當事者的心態是負向的，其行為
是故意要嘲諷對方，要對方難堪或取笑對方，因而除私底下以不
雅綽號稱呼對方外，也可能於多數同學面前以此綽號稱呼對方，
當事者的目的只有一個：「故意要嘲弄或取笑對方」。

學生不當行為實例

　　林金堂的祖父是位強勢而有溺愛行為的長者，從金堂
讀幼稚園起，父母親只要對金堂的學習或行為表現加以管教
或告誡，均會被金堂的祖父大聲斥責或責罵，金堂的父母為
避免與金堂的祖父發生衝突，久而久之，對金堂的學習行為
置之不理（想管也無法管，想插手也沒有辦法），金堂上下
學均由祖父一手負責。剛升上國小三年級時，由於同學間還
不認識，金堂與同學間的互動較少，因而未發生任何爭執衝
突事件。開學第二個星期某天放學，班上同學陳存雅坐在金
堂位置旁，放學要走出教室排路隊時，不小心碰撞到金堂，
金堂突然從書包拿起削好的鉛筆在存雅的手臂上劃了一下，
幸好金堂力道不大，筆尖傷口很淺，級任陳老師知道後，訓
誡金堂以後不可以再傷害同學。當天晚上，級任黃老師將金

堂傷人的行為以電話告知金堂祖父，但金堂祖父認為金堂沒有錯，金堂跟他說是班上陳存雅同學故意撞他，他才會還手的，黃老師一直跟金堂祖父說：「傷人行為就是不對的，何況陳存雅並不是故意要撞金堂的。」儘管黃老師講得口沫橫飛，金堂祖父還是認為金堂沒有錯。

　　開學第三週的星期一，班上有同學生日請全班吃巧克力，每位同學二塊，班上方孟欣同學問金堂巧克力是否好吃，金堂回答說：「很好吃」，方孟欣想跟金堂開個小玩笑，在教室最後面空桌子放一個紙袋，就請陳存雅跟金堂說紙袋內還有剩餘的巧克力，金堂聽完後非常高興，跑到放紙袋的桌子將紙袋拿起，一看裡面什麼都沒有，頓時金堂十分火大，就走向陳存雅旁邊一拳揍過去，黃老師回到教室知道情況後，再次告誡金堂以後絕不可以打人。當晚，級任黃老師再打電話給金堂祖父，說：「金堂今天在學校又打人，請阿公要加以管教約束金堂打人的行為。」但金堂阿公又認為金堂雖然打人，但金堂是被同學激怒的，陳存雅不該欺騙捉弄他，黃老師跟金堂阿公解釋，陳存雅只是代為傳話而已，與金堂開玩笑的是另一同學方孟欣，金堂不能因為同學一時的小玩笑就動手打人，何況此種玩笑行為對雙方都沒有任何傷害，金堂阿公只聽金堂回家的口述，並自行對原因加以推導，對於黃老師對事件的說明根本聽不進去。當天晚上，黃老師與陳存雅父親通電話，陳存雅父親非常生氣，跟黃老師講他明天要親自到教室警告林金堂，不可再對陳存雅有暴力傷害行為，否則不會放過他，黃老師聽完馬上安慰陳存雅父親，拜託他不要到學校與林金堂有任何對話舉動，否則林金堂可能向其阿公誤傳說：「陳存雅父親恐嚇他」，這樣會讓學生間的衝突事件演變為家長間的衝突事件，黃老師也向陳

存雅父親保證，這件事情她定會積極公平處理，請家長放心。

　　隔天第二節下課時，有同學在追逐，金堂看到二位同學朝他跑來，也往前跑，跑到一半突然停下來，朝二位玩追逐遊戲的同學身體踢下去。下午放學時，黃老師將金堂踢同學的事情告知金堂阿公，金堂阿公居然回答：「金堂最討厭同學追他，因為同學追他，金堂才會反擊。」黃老師跟金堂阿公說：「同學並沒有追他，何況這只是同學間嬉鬧玩耍行為，金堂怎可以用腳踢同學。」儘管黃老師說明的很清楚，金堂阿公還是認為是班上同學的錯，不管黃老師如何對金堂阿公解析金堂傷人行為的來龍去脈，及不應對同學有暴力或傷害行為，金堂阿公似乎還是盡其所能的為金堂辯護，黃老師自認金堂阿公過於溺愛，即使知道金堂行為不對，也不願在黃老師面前承認，或在全班面前告誡金堂。

　　因為金堂阿公的固執、金堂父母親的管教權無法有效發揮，導致金堂價值觀偏差及許多偏差行為的出現，黃老師自認其與金堂阿公無法進行有效親師溝通，將此個案告知輔導室與校長，輔導主任查訪同學確認後，親自邀請金堂阿公至輔導室溝通，校長也親自出席作為行政支援教師的立場，經主任與校長懇切的告知下，金堂阿公終於坦白告知主任與校長，因為金堂從小由其管教養大，他明知金堂行為有許多不當之處，但就是無法坦然面對，總是會將金堂的不當行為合理化，歸因於其他同學或外在事件導致（此為教育心理學中的外在歸因理論，有錯都是別人的錯）；他也知道黃老師是位有愛心有原則老師，總是以講理來取代責罵、以溝通取代懲罰，但他就是無法面對金堂有暴力行為的事實，金堂打人行為從讀幼稚園時就常發生，那時以為金堂還小不懂事，長

大後便會改正，誰知道金堂的行為不但沒有改正，暴力行為的原因還千奇百怪，他也感覺很無奈，之前他常訓斥金堂父母不會教育管教小孩，現在他才知道父母介入的重要。

隔二天，金堂阿公突然到學校為金堂辦理轉學，因為黃老師班上的家長及同學都知道金堂的行為，家長特別叮嚀其小孩不能跟金堂嬉鬧、開玩笑，可以的話儘量都不要跟金堂玩，黃老師知道家長的憂慮，也不便於課堂中表示任何意見。只是金堂的轉學，對黃老師而言，心中有一股莫名的悵惘與感傷，黃老師心中想著：「金堂阿公如果無法與學校教師有效配合，共同敦促管教輔導金堂，則金堂的暴力行為會不會演變為霸凌問題。」

上述案例中，金堂攻擊或暴力行為並非是一種權利不對等的狀況下所發生，也非故意或重複的傷害或欺凌較弱小者的行為，重要的是他不會刻意選擇大人、教師或多數同學看不到的地方傷害欺凌他人，金堂（施暴者）也不怕受害者跟老師報告事件中的傷害者（加害者）、欺凌者或打人者是他，而暴力事件中的受害者並非都是同一人，因而就金堂與同學發生的衝突事件中，若以「金堂是霸凌事件的施暴者」來向學校通報是不適切的。此種發生於課堂教室中的學生吵架衝突事件延伸擴大的暴力行為，其實很多是當事者之一的情緒控制不佳，或生理因素導致，金堂因為無法有效控制自我的情緒，遇有不如意之事，便容易情緒化或意氣用事，採取暴力行為對待同學，或以攻擊性行為作為報復，金堂本身的暴力傾向與情緒障礙，必須藉由醫療、輔導等專業機構介入處置，其中家長的配合是個重要關鍵因素。案例中，金堂阿公一直無法面對金堂是位情緒障礙的孩童，當金堂出現暴力行

為時，都為金堂的暴力行為合理化，有時情節嚴重時，才心不甘情不願的向受害學生家長道歉，家長的溺愛與無法面對事實的真相，促使類似金堂這種學生的行為惡化。

黃老師從金堂與同學互動中，即觀察到金堂有暴力行為傾向，由以往的教學經驗告知，金堂可能有原生性的情緒或生理問題，因而對金堂的暴力行為並不是採取大聲斥責、懲罰、威脅等負向管教方法，相對地，黃老師採取的是說理溝通、告誡等方式，但專業教育總有其限制，當黃教師自覺憑其個人之力無法有效處理金堂一再出現的暴力行為時，只得請輔導主任介入處置，這是學校行政介入處置的成功案例，當行政能真正作為教師班級經營或教師輔導管教的後盾時，教師才會更有熱忱投入學生常規與紀律的維持。當有親師衝突或師生衝突發生時，教師希望行政人員是背後支持者，能與教師站在同一陣線，教師本身必須是以法輔導管教，能獲得多數學生家長認同肯定的良師（要行政作為教師後盾，教師採取的策略或所有管教方法要依法行事，兼顧情理，並以為學生好為出發點）。

學生間因衝突爭執事件，需要當事者家長配合協助，最佳的處理方式是通知所有當事者家長到學校協商會談，協商會談時，教師或學校處室主任必須在場，不能任由家長論辯。以下事項其中有幾項，教師必須特別注意：

1 避免受害學生家長在教室質問加害學生

不要任由班上家長直接到班級教室中與當事者對質，此種對質結果由於雙方是權利不對等的關係（大人與小孩），很容易變成家長恐嚇或威脅學生的事件，家長在情緒失控的狀態下，更可能對加害學生有暴力性的行為。受害學生家長若是對加害學生有

任何不滿或意見，皆應透過班級導師處理，若事件牽涉到不同班級的學生，學校主任或組長就應介入處置，若是家長怒氣沖沖的衝到教室要質問加害學生，教師最佳的處理策略是把家長帶至輔導室，請輔導主任幫忙調停，教師與行政人員處理的第一步是先安撫家長情緒，之後，再請相關當事者至輔導室說明事件原委，由於場域是學校輔導室，又有行政人員及教師在場，家長不至於對學生作出傷害性行為或出現言語恐嚇情形，這是一種對學生人身安全的保護，也是教師在面對受害學生家長的重要處理原則。

2 避免單獨帶加害者至受害學生家中道歉

　　沒有當事者家長同意或其他大人陪同，教師絕不可隨意帶肇事學生到受害學生家中道歉，因為受害學生的父母情緒狀況及家中狀態，教師無法完全掌控也無法掌控，可能會發生肇事學生受到暴力傷害的情況。不論是一般衝突的暴力傷害行為，或是霸凌事件的暴力傷害行為，教師採取的處理策略是不要讓受害學生繼續受到傷害，也要保障加害學生的人身安全，尤其霸凌事件的加害人或協助霸凌者（可能會受到加害人家長或家長朋友、親戚等大人的反擊報復），教師及受害學生家長也不能對他們作出任何傷害性行為，在無法完全保障學生人身安全的前提下，教師個人絕不能帶事件肇事者至受害學生家中道歉或進行事件緣由的說明。

3 避免擴大爆發為學生家長間的衝突事件

　　避免由學生衝突事件擴大為家長間的對立衝突問題，如此，會讓衝突事件變得更為複雜，使得之後的介入處置更為困難。教師要明確的告知受害學生家長，學校絕對有能力也會積極處理霸凌問題，請家長不要私下與加害人或加害學生家長接觸，尤其不

要私下至加害學生家中質問,也不要私下打電話給對方,因為家長在怒氣情緒狀況下,很容易作出非理性的行為,若有必要,學校會儘速安排時間讓涉入霸凌事件的學生家長至學校對談,共同處理霸凌事件。

六、展現果斷反應的教師類型,讓學生信服與安心

果斷反應型的教師遇到學生的學習問題、生活問題或學生間誤會引發的爭執或衝突,會積極介入處理,尤其是學生的霸凌行為,教師絕不姑息。平時教師應向班級學生宣傳反霸凌的立場,明確告知學生霸凌是不被允許的行為,霸凌也是被嚴格禁止的行為,教師更要以實際行動向學生表示,教師是「認真的」、「會積極介入處理的」。平時,教師對於學生不當行為或違反紀律的行為要妥善有效處理,因為教師的態度與處理方式會影響學生進一步的行動反應,當學生知道教師對班上常規的要求標準,才會確實遵守。

當加害者或目擊者誤認向師長報告也不會改變情況的前提下,他們通常不會向老師舉發霸凌事件。導師藉由平時班級經營向所有學生強調反霸凌立場,教師的用心與果斷力可讓學生知道老師是可以信賴的。如果當事者或目睹者向老師報告有同學受到其他同學霸凌或欺凌,老師知悉後回應會加以處理,但之後老師卻沒有積極果斷的處置,會讓學生覺得「跟老師講也沒有用」、「報告老師,老師也不會處理」、「有講跟沒講都一樣」、「告知老師也沒屁用」等無助感受,此種氛圍下,受害者通常會選擇自我封閉或自我傷害,最後的結果很多都不是樂觀的,當事人可能逃學或自殺方式結束自我;目擊者會認為學習環境是不安全

的、是恐怖的、是不友善的，若可以的話會與家長商議轉校事宜。

　　許多被霸凌或受欺凌的學生，之所以不會向教師報告或反應，其原因有三：一為怕被報復；二為不知老師是否有能力處理；三是自覺向教師反應受到霸凌，老師知道後也不會採取具體的作法。

1 怕被對方報復

　　在霸凌問題中，受害者或被霸凌的學生之所以不敢向老師或學校人員反應，因為在權利不對等的傷害中，他們是被欺負的個體或一群弱勢者，霸凌者通常會威脅受害者：「你們如果敢跟老師報告，下次就不是只有這樣！」其實受害者很想將事件告知老師，但多數都不敢表白；「你們如果告訴其他人，下次會讓你更慘」，而目睹者或知悉者之所以不敢告知老師或學校主任等人，因為也怕被拖下水，他們擔心如果被霸凌者知道是他將霸凌事件始末說出，會成為被報復對象，也會變成受害者之一，此外，將事件告知老師的同學很容易被班上同學誤認為「抓耙子」、「告密者」。

2 對老師能力質疑

　　受害者或目擊者之所以不敢將霸凌問題告訴老師的第二個主要原因，是因為擔心老師沒有能力或無法有效處理好，導致更嚴重的霸凌問題產生，如被霸凌者將被傷害的情形告知老師，老師將霸凌者或施暴者直接叫到辦公室嚴厲斥責並記過，霸凌者心有不甘，隔天對霸凌者施以更嚴重的傷害或攻擊，造成受害者二度受虐待，此種老師的處理方法，不但沒有將霸凌事件圓滿處理好，反而造成對受害者更大的傷害。通常會有霸凌行為的學生，

是欠缺同理心的一群，其自尊也較為低落，最重要的是這些學生很多是有暴力取向（否則學生不會成為霸凌者或施暴者）或有價值觀偏誤的（否則不會採用霸凌方法對待同學），當同學不知其行為或對待同學方法是錯誤的情況下，如果老師未加以輔導說理，加以引導勸誘，只採用斥責體罰、記過的方法，是無法改正霸凌者的問題行為。教師應從教育輔導著手，讓學生真正瞭解下列的互惠行為：

「任何人要先尊重別人，別人才會尊重你。」

「任何人要先喜愛別人，別人才會喜愛你。」

「任何人要先包容別人，別人才會包容你。」

「任何人要先接納別人，別人才會接納你。」

「任何人要先親近別人，別人才會親近你。」

「任何人要能體諒別人，別人才會體諒你。」

「任何人要會幫助別人，別人才會幫助你。」

「任何人要會關心別人，別人才會關心你。」

「任何人要先會尊敬別人，別人才會想尊敬你。」

「任何人要先看得起別人，別人才會看得起你。」

「任何人要先能原諒別人，別人才會想原諒你。」

「任何人要先能欣賞別人，別人才可能欣賞你。」

3 對教師信任不夠

受害者或目擊者不想將受害或目睹霸凌事件告知老師的第三個原因，是因為他們覺得告知老師也沒有用，不僅對霸凌問題的處理沒有幫助，加害者知道後可能會採取更大的傷害，當學生覺得：「告知老師也沒有用」、「老師只會罵人而已」、「老師不會管這種事」等，學生自然不會向老師舉發霸凌問題，如果班上

多數學生均有此想法，則身為班級導師者就應好好檢討，其班級經營或常規管教方法是否不對，或用心不夠，無法讓學生信服與心安，或是只將教育工作視為一種「職業」，未把教育工作昇華為「志業」。

此外，教師更要讓學生知道「告密」與「事實舉發」行為的不同：告密是某位同學私底下告知老師某件事情，同學告知老師的事情會讓老師採取特別管教方法，致使這些同學有不同程度的麻煩或遭受老師懲罰、責備。老師要讓班上所有同學知道，任何同學告知老師有關霸凌的訊息（包含自己是受害者當事人，或目睹霸凌事件者，或知悉霸凌問題者）或陳述某種班級發生的事實現況，都不是所謂的「抓耙子」或「告密者」，尤其是告知老師有關霸凌問題事件者，這些同學不但不是「抓耙子」或「告密者」，而是正義使者的化身，因為他們正義勇敢的說出校園霸凌問題，可以讓老師及行政人員很快介入處理。教師要進一步向同學說明校園反霸凌的政策，政策之一是當同學看見別人受到不公平的對待時，同學們能挺身而出，不要縱容霸凌行為，因為今天加害者欺凌的對象雖是別人，但下次這些加害者欺凌的對象可能就是自己，何況霸凌者本身就是「麻煩」製造者、「問題」產生者，他的霸凌行為就是錯誤的，不管霸凌者所持的理由為何，對同學加以霸凌傷害就是不對的。

七、發現校園霸凌事件不要隱瞞依規定通報以示負責

任何教育人員發現校園霸凌事件都有舉發、通報的義務與責任，這是教育人員的職責之一。很多教師發掘班上學生涉入校園霸凌事件怕影響事件擴大，或怕被學校認為班級經營欠佳，或

霸凌議題與校園霸零策略

是怕影響考績等，而不敢向學校通報，學校行政人員知道有校園霸凌事件發生怕影響學校聲譽，或校長怕影響考績不敢向教育行政機關通報，這是教育人員對校園重大事件處理認知不夠所致，相關政策明確告知：學生遇到家暴、性騷擾、性侵害、或重大意外事故等必須立即向相關單位通報，校園發生霸凌問題更必須通報，通報是一種義務與職責，校長、主任、教師等教育人員都不希望校園發生意外事故而對學生產生某種程度的傷害，但教育的對象是人，是異質性很大的個體，是個身心尚未完全發展成熟的青少年，因而突發或意外事件很難完全避免，若是不幸發生了，最佳的處理策略就是於最短時間內，結合教師、家長、專業人員等將事件的傷害降到最低，如果是校園霸凌事件，則更必須於最短時間內遏止施暴者的傷害或欺凌行為。

1 義務

兒童及少年福利法第30條第2款規定，任何人對於兒童及少年不得有身心虐待之行為。兒童及少年福利法第34條第1項規定，教育人員知悉兒童及少年遭受身心虐待者，應立即向直轄市、縣（市）主管機關通報，至遲不得超過24小時。

2 責任

校園霸凌行為，如已達身心虐待程度者，校長及教師身為教育人員應依法通報，未依規定通報而無正當理由者，依兒童及少年福利法第61條規定，處新台幣6千元以上3萬元以下罰鍰。依公立高級中等以下學校校長成績考核辦法第7條第1項第2款、公立高級中等以下學校教師成績考核辦法第6條第1項第2款規定，其如屬違反法令，而情節重大者，得記大過（教育部，2011）。

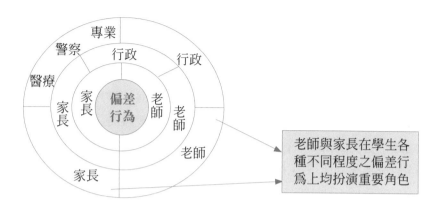

老師與家長在學生各種不同程度之偏差行為上均扮演重要角色

　　上圖為處理學生偏差行為的資源人力圖。如果教師用心，則教師應可有效處理多數學生的一般偏差行為（如干擾學習活動進行、課堂不專注、上課吵鬧、睡覺等個人不當行為），一般偏差行為可視為普通的不當行為，此種不當行為大多是單獨學生個人因素，很少與其他學生產生關聯，頂多是影響少數同學學習活動的進行。由於是管教輔導對象只是單獨學生，且其行為是輕微違反紀律或常規行為，此類型學生若教師加以告誡或合理訓誡，則學生不當行為自會改善。但如果是中度、嚴重的偏差行為，如打人、辱罵同學、傷害同學、破壞同學物品、偷竊、威脅同學、與同學發生衝突爭執等之不當行為（如向同學吐口水、抓同學頭髮、割破同學書包或衣服）等，教師應於當天通知家長，此時對當事者行為管教輔導者為教師與家長，若是教師與學生父母同時介入處置，學生的偏差行為改善不顯著，學校行政人員（輔導室、學務處）必須適時介入，如果學校行政人員、教師與家長介入處置後，學生的偏差行為還是無法獲得有效改善，必須再尋求相關醫療、輔導機構或警察等的協助介入處置。

　　校園霸凌事件的處理一般分為二大階段：第一階段為學務

處配合教師共同訪談查證，若確認為校園霸凌問題，必須通知加害者父母、受害者父母，請加害者、協助加害者父母／監護人共同介入，快速阻止加害者等人受害者的欺凌或傷害，行政人員與教師在訪談時，必須分別對受害者、目擊者、加害者、協助加害人等進行深入會談，不要一開始即將受害者與加害者集合於一處進行當面的對質，因為此時，受害者可能因為身心受到傷害，懼怕於加害者面前説出真相之後反被加害者施以更大傷害；而加害者可能於行政人員及主任面前避重就輕，或將事件導因推於受害者，此種一開始即讓受害者與加害者面對面的對質方法，並不是最佳的霸凌事件查證策略。第二階段為輔導室中具輔導知能的輔導教師與班級教師共同配合對受害者進行心理重建輔導，並對加害者等人進行行為改變導正輔導，運用正向管教策略及行為改變技巧等改變加害人的認知，建立正確價值觀，在輔導過程中，必要時可請求社工師、諮商心理師、醫療機構等共同介入協助處置。

　　教師得知班上有同學涉入暴力傷害行為事件（不論是加害者、受害者、煽動者等），教師均應加以查訪確認，以探究事件是否為校園霸凌問題，若確認是非霸凌事件（偶發性、公眾場所、多人目睹、或因吵架爭執引發等），教師要立即介入調停處置、管教輔導外，也要通知當事者家長；相對地，如果暴力傷害行為事件疑似校園霸凌問題，教師要立即通報行政單位，由學務處、教師等先配合查訪，並通知家長，最重要的職責與義務是教師知悉暴力傷害行為事件，絕不能視而不見，或放任不管，教師對暴力傷害行為事件處置的流程可以簡化如下圖：

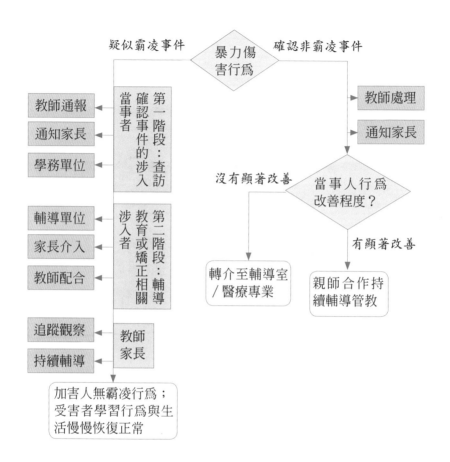

第二節　教育學生面對不一樣的事實

　　許多霸凌問題的發生，加害人所持的理由是「誰叫他跟我們不一樣」，「誰叫他長相這麼奇怪」、「誰叫他說話這麼娘娘腔」、「誰叫他這麼驕傲」（其實受害者並不是如此）等，正因為加害人認為受害者與他們不一樣，是二個截然不同的群體，

是二個對立的群體,是二個死對頭的群體,因而他們(受害者)被我們(加害者)欺凌是應該的,他們(受害者)被我們(加害者)傷害、排擠、勒索等是他們咎由自取的,此種錯誤認知與偏差的自我概念是導致加害人肆無忌憚、長期故意欺凌他人的緣由,此部分教師應藉由教育力量加以匡正。

一、讓每位同學能真正體認班級中個別差異存在的事實

霸凌問題中之所以成為受害者或被霸凌的對象,這些人往往是班上成員中的異類,異類指的是這些同學的身心發展、人格特質、學習表現等與其他同學不同,如身高很矮或特別高、肥胖或體重過輕、男生具女性化的人格特質、講話娘娘腔、學習成就二極化者(如很好、或很差者)、家庭社經地位很高、或很低、性生理特徵發展突出、學習態度獨特等。

霸凌者會以受害者的行為或態度跟其他同學「不同」或「不一樣」作為欺凌的藉口,如某一男生講話輕聲細語,帶有娘娘腔的語調,很容易被其餘同學語言霸凌如「小娘娘」、「沒有帶種的男孩」、「娘雄」(如同學名字為國雄)等;或某位同學皮膚很黑,身高很矮,很容易被同學取不雅的綽號,如「矮子安」(假設學生的名字為建安)。教師要明確告知學生,每個人來自不同的父母、不一樣的家庭、有不同的人格特質與外表是「正常」的,同學不能以異樣的眼光看待別人,因為你以異樣的眼光看別人,別的同學也會投以異樣的眼光看你,不能因為同學外表看起來與他人不同,就被欺凌、被傷害。此外,每個同學的身心發展與信念態度也是不一樣,雖然同學的想法、意見或做事方

式，有時我們並不完全贊同，但是我們還是要尊重，不贊同別人
不表示你可以傷害他們，這是民主多元的社會，不是專一獨斷的
時代，意見不同是可以溝通協調的，做事方法不對是可以改進
的，但不贊同並不是說同學有權力霸凌或欺凌同學；做事的方法
策略不好並沒有違法，可以藉由班會對話或其他協商討論方式提
供更好的方法，以看不慣別人做事方法加以霸凌或欺凌同學，才
是真正的錯誤。課堂教學中教師應該明確讓學生知道：

　　「有人雖然外表特徵跟同學不一樣，但他並沒有錯也沒有違
法。」

　　「有人雖然思考態度跟同學不一樣，但他並沒有錯也沒有違
法。」

　　「有人雖然生理長相跟同學不一樣，但他並沒有錯也沒有違
法。」

　　「有人雖然資質能力跟同學不一樣，但他並沒有錯也沒有違
法。」

　　「有人雖然體能專長跟同學不一樣，但他並沒有錯也沒有違
法。」

　　同學行為沒有錯，也沒有違法，同儕就不應排擠責備他；同
學行為沒有錯，也沒有違法，同儕就不應對他有不同看法，行事
坦蕩、循規守紀是每位同學都應學習與展現的行為。教師若能正
確的讓學生知道個別差異存在的事實，則班上學生更會接受班上
少數大家認為「很奇特」的同學，或是「很不一樣」的同學。

二、教導同學個人情緒管理與憤怒處理的方法

　　情緒像個人血壓一樣，隨時都會改變，一個人每天量的血

壓,其指標數值不會完全相同,每個人都有情緒,而情緒是隨時會改變的,有時一天的起伏波動也很大,但最佳的生理狀態是血壓穩定在正常範圍值之內;最佳的身心狀態是情緒穩定,情緒起伏在個體可以掌控的範圍之中。學生之所以會採用暴力行為處理事情,或霸凌他人或欺凌同學,多數是學生無法控制自己的生氣或憤怒情緒,或是不懂得如何轉移舒解自己生氣或憤怒情緒,這就像某些人碰到挫折、重大變故或情傷時無法走出傷痛而自我傷害或自殺一樣,有挫折容忍力或有高情緒智商(EQ)的人,會化悲痛為力量,以失敗為借鏡,再接再厲,重新爬起來,這些人不會持續以悲觀的心情看待不好的事情,做出傷人又傷己的事情,因為他們知道「情緒是可以調整的,傷痛是可以忘懷的,憤怒是可以轉化的」。

從教育心理學中的心理發展論觀點來看,小學高年級與中等教育階段學生,正值生理快速發展時期,課業壓力很大,少數同學與人發生爭撞或吵架,很容易意氣用事,憤怒的情緒無法自己控制,或很難控制自己不滿的情緒,當這些學生將憤怒情緒宣洩到看不慣或認為不一樣的同學身上,很容易對同學傷害或欺凌。會使同學憤怒或生氣的事件來源是多元的,包括家庭因素(如被父母責罵、父母吵架,或父母一方受到家暴、父母親失業、家庭經濟困難等);學校因素(被老師斥責、認為老師偏袒不公平、認為老師只重視成績好的同學、被同儕嘲笑、被同學欺凌、看見班上不公平的事件等),每個人都會有憤怒的情緒產生,教師要教導的是告知同學如何合理而正當的排解不悅的情緒,其具體的方法如:直接將心中的委屈或認為不平的事件告知老師,請老師協助處理;將心中的話告知要好的朋友或同學;以自己喜愛的運動方式將情緒宣洩;聽自己喜愛的音樂放鬆心情等。

　　對於中小學學生而言，教師是其生活或學習困境時重要的協助者，平時教師若能與學生建立良好的師生關係，亦師亦友，課餘時學生願意親近教師，也樂意將心中的話語告訴老師，在老師的協助與循循善誘下，學生心中的不平或困擾多數都能獲得解決，若是老師無法協助解決，也可請求輔導室或學務處等行政人員的幫忙。身為教師者定要能傾聽學生心中的話，定要能作為學生的心中話語的集合器，當學生願意把心中的話告知老師，老師才能發覺學生的困惑、瞭解學生的困難，進而提供相關具體的因應策略。學生憤怒或生氣的情緒，或是心中視為不平的事情無法獲得宣洩及解決，則學生可能發生自我傷害（自殘行為）或傷害攻擊他人的行為，蓄意故意的欺凌同學就會變為霸凌行為中的霸凌者或協助加害者。

案　例

　　二年四班英文老師課堂要求很嚴格，若是有同學在課堂上課不專注或玩弄文具，被英文課陳老師發現，均會立即被叫起來罰站，陳老師還會大聲責備，只要陳老師一開始責罵，全班同學均會遭受池魚之殃，因為陳老師會嘮叨許久，之後發現時間不夠，才開始趕當節進度，此時就會占用同學下課時間，由於陳老師喜愛對全班同學唸經，二年四班班上同學幫陳老師取個綽號：「大嘴婆」，平時同學都是私下這樣稱呼陳老師，不敢明目張膽的叫出讓陳老師聽到。某日，班上一位常被陳老師責罵的同學祥明，因為上課時晚幾分鐘進教室，從一樓操場快跑至三樓，此節正好陳老師在辦公室與其餘老師討論第一次模擬考命題內容，因而遲到幾分鐘，當祥明跑到教室外走廊時，剛好看到陳老師走上四樓，祥明

跑進教室時，大聲喊叫「大嘴婆」來了，頓時幾位講話的同學趕快閉起嘴巴安靜等候老師，因為祥明進教室喊叫的聲音太大，在走廊走路的陳老師聽得一清二楚。

情境一結果

進到教室後，陳老師問：「剛才稱呼老師為大嘴婆的同學是哪一位？」只見祥明不好意思的站起來，陳老師很生氣的就一巴掌打了過去，氣極敗壞的大聲責備說：「老師的嘴巴有那麼大嗎？老師有那麼老嗎？一點禮貌都沒有。」頓時全班鴉雀無聲，陳老師打完祥明後，開始對著全班嚴厲斥責，她語重心長的告知學生，說她訂定的課堂學習規定是為全班同學好，其目的也是希望同學上課可以更專注，陳老師告訴全班說，她也可以放任不管，只管教學進度就好，但同學不但不知感恩，還亂取老師綽號。有同學父母還告到主任那邊，說老師要求太嚴格，真的不像話，陳老師怒氣沖天的責罵全班二十幾分鐘，最後陳老師說：「以後不管你們，上課愛做什麼就做什麼，將來考試英文成績不好，不要怪罪老師不會教。」

情境二結果

進到教室後，陳老師問：「剛才稱呼老師為大嘴婆的同學是哪一位？」只見祥明不好意思的站起來，陳老師情緒平穩的說：「祥明，你認為老師的嘴巴很大嗎？老師覺得很小呢；你認為老師很老嗎？不會吧！老師覺得自己還很年

輕。」當祥明及全班同學看見老師情緒穩定（其實老師內心有點生氣，但還在可以掌控的範圍內），可能會覺得不好意思，以此綽號稱呼老師是不妥的，之後，老師以嚴肅的表情告知祥明及全班同學，幫老師取不雅綽號是種不禮貌行為，就好像你們每個人不喜愛聽到有人以不雅綽號稱呼你一樣，這次老師原諒你們，但記得要改過喔。老師知道對班上的嚴格要求，有很多同學不太能接受，但老師的出發點還是為你們好，沒有嚴格要求你們，可能很多同學在課堂無法專注。最後陳老師說：「你們用大嘴婆稱呼老師，說真的老師有點生氣，但老師知道同學是無心的，老師希望以後不要再有人以這個綽號稱呼老師或同學，最後老師要跟大家共勉的是，即使你不太贊同對方，也不要詆毀對方，更不要用不雅字眼或人家不喜愛聽的話語稱呼對方。」

　　情境一結果不但無助師生關係的改善，老師的情緒失控行為與體罰行為可能延伸出嚴重的師生衝突事件，常規管教方法中，教師絕不能體罰學生或情緒失控，因為教師在情緒失控的狀態下，可能出現暴力傷害、諷刺辱罵的不理性管教或不合法則性行為，許多親師生衝突及班級暴力行為都是教師無法有效控制自我情緒導致。以霸凌議題的內涵而言，教師與學生是權利不對等關係，教師是強者、學生是弱者，多數的師生衝突應是教師霸凌學生，而非是學生霸凌老師。

　　課堂教學中學生若出現不當行為或偏差行為，教師應就行為背後的原因加以探討，有時學生只是好玩或開老師玩笑（這些均不是故意嘲諷老師的舉動），以取老師綽號為例，有些學生只純粹根據老師教學特色或常用的口頭語來標記老師而已，其目的並

不是取笑或嘲弄老師,老師即使不高興或聽到後不舒服,也不要出現怒不可遏、無法原諒的情緒狀態,教師可以採用學者所主張的:以第一人稱(我)表達方式讓學生知道老師的不悅,如「聽到同學這樣稱呼老師,老師(我)個人覺得很不舒服」、「聽到同學這樣稱呼老師,我(老師)的內心很難過,因為老師不是個會道別人是非長短的人」、「看到同學出現這種行為,老師覺得很傷心,傷心的是為何同學還不懂學會尊重他人,成熟度還不夠」,以第一人稱老師我提出教師個人對學生行為的感受,可間接讓學生反省自己行為的對錯、行為的適宜程度,這比直接劈頭大罵學生更能使學生產生認知的改變(以第二人稱直接指責學生)。

教師能以正向管教方法處理學生不當行為,以說理誘導方式讓學生知道自己行為的錯誤,比直接採用打罵斥責方式更為有效,後者負向管教策略雖然可以立即阻止學生不當行為的出現,但通常只是暫時壓抑而已,要學生行為朝正向改變,還須靠教育輔導力量。課堂班級中教師的任何舉動行為,學生隨時都在觀摩學習,因而課堂管教或教學活動是「教師在演、學生在看;教師在做、學生在仿;教師在說,學生在學」,當學生看到教師遇到任何事件,情緒均控制得宜,且都以合理、合情方法來處理,耳濡目染之下,學生就不會以暴力行為傷害他人,因為學生也會思考採取較合理而有效的處理方法。

三、教師處理班級事件的策略要能讓學生信服,達成雙贏局面

老師言行是否一致要讓學生能真正感受到,如:「老師說他

不重視成績，只要盡力就好，但每次我數學考不好都被罵，說的跟做的都不一樣。」或「老師說班級比賽只要盡力就好，他不在乎名次，但這次運動會同學交接棒沒做好，差點掉棒（其實是被別班推擠結果），比賽完就一直嚴厲斥責我們平時不好好練習，連基本的接棒都沒有做好，名次才會這麼差！」、「老師叫我們趣味競賽不要太在意是否進三名，但比賽完卻一直責怪同學平時練習不用心，缺乏榮譽感，真奇怪！」、「班級教室布置競賽跟我們說只要盡力就好，不要管名次，結果我們班沒有得名，老師卻一直責怪我們不用心，做事馬馬虎虎。」教師的言行一致、對學生信守承諾、答應學生的事情一定做到，是教師能否讓學生信任的重要因素，若是教師跟學生說的話與對學生的態度完全不同，會讓學生覺得教師說的是一套、做的又是一套，不再相信老師所講的話。霸凌事件中當教師向告發者保證，不會讓加害者或協助加害者知道是哪位目擊者，或是哪位同學告知老師的，教師一定要確實履行，教師對於告發者的承諾一定要真正做到，不能讓加害者知道告發者是哪位同學，尤其不能讓目擊者與加害者直接面對面進行指認說明，這是教師在訪查霸凌事件中非常重要的一點，對告發者身分加以保密，不讓霸凌者知悉是哪些同學舉發的，是教師及行政人員在處理霸凌問題時要特別注意的。

思考問題

　　陳老師是國小六年五班的藝術與人文老師（音樂課），今天因為校際音樂比賽事宜，在辦公室與行政人員討論交通與樂器搬移事宜，慢幾分鐘進到教室，當陳老師走到教室外時就聽到五班亂哄哄吵成一團，進到教室後全班同學被陳老

師罰站幾分鐘並被斥責。下課後，陳老師將此情形告知五班導師黃老師，黃老師自覺班上常規紀律沒有落實，一直向陳老師說對不起，並向陳老師保證日後會加強班上的常規管理。第二節是國語課，黃老師進到教室後，非常生氣的詢問全班同學，第一節音樂課吵鬧的同學站起來，全班同學看到導師怒氣沖沖的表情，主觀的感受是「老師真的很生氣」，因而沒有人敢自動先站起來，導師接著說：「吵鬧而未站起來的同學，要加倍處罰。」此時，只見明雄、易志、美雅、宜芬、士傑、明偉等六個人站起來，這六位向老師誠實告白的同學，被罰中午午休時間打掃教室內外地板，六個同學也被老師口頭責罵警告，至於其他也有吵鬧但沒有誠實站起來的同學，卻沒有被老師處罰。

　　上述案例中，同學於課堂表現不適當行為時，誠實認錯者反而被老師處罰，而不誠實者反而沒事，這樣的常規管理策略是有待商榷的。課堂行為中教師教導學生要誠實，學生沒有說謊展現誠實行為反而被老師責罰，說謊而不誠實的同學反而沒有事情，這是十分矛盾的現象，對於初次犯錯而勇於承擔責任的同學，教師應採取較為寬容的處罰方式，對於犯錯而又不敢勇於承擔責任的同學，教師應有技巧的找出當事者並加以責罰，否則是與教育本質相違背的。類似情境如六年二班午休時間，導師林明華在辦公室與家長就班上同學課業退步原因加以討論，因而未在教室陪同學一起午休，班上幾位規矩較差的同學在教室嘻笑怒罵，吵雜聲嚴重干擾到隔壁一班及三班同學的午休，剛好總導護老師巡查經過，六年三班同學被總導護老師訓誡了一番，總導護老師回到辦公室將此情況告知林老師，要林老師注意班上同學午休常規，

林老師自覺沒有將班上同學訓練好，除向總導護老師對不起外，也向一班及三班教師道歉。

　　回到教室後，林老師怒不可遏的大聲斥責同學：「中午吵鬧沒有睡午覺的同學站起來！」只見班上雅倫、建志、政育、惠民、雄展、宜華陸續站起來，林老師看到這幾位站起來的同學，生氣的斥罵：「你們為何要這麼被動呢？睡午覺是睡給老師看的嗎？你們真的很自私，不僅影響到班上同學休息時間，也吵到隔壁班的同學，為何老師講了又講，你們就是不聽，每次吵鬧的都是你們幾個！」當林老師一講完，建志馬上舉手回應：「老師，講話走動的又不只我們幾個，還有同學沒有站起來。」林老師聽完後，更為火大：「你把自己管好就好了，不要每次被罰站的都有你。」自動站起來、誠實認錯的幾位同學被老師罰當週體育課（同學最喜愛的課程）不能到操場打球，在教室罰寫功課。至於也有吵鬧或走動的同學，因為沒有誠實站起來反而沒有受到林教師懲罰。

　　當學生誠實向老師告白或認錯，都會受到老師處罰，而沒有誠實認錯或默不承認的同學反而不會受到責罰，此種情形在實務班級經營中常出現於中小學教師身上，如果教師在處理學生違規犯紀行為或不當行為時，常發生此種情況，會嚴重破壞教師的威信與學生對教師管教能力的質疑，班上學生會認為老師無法掌控所有參與事件的同學，教師的敏銳力與行動力不足，對於故意不向老師誠實告白者，老師也沒有辦法得知、察覺，因而以後除非被老師親眼目睹到，否則可以不用誠實承認行為的過錯，因為不坦白承認反而沒事，這樣的處置反而會養成同學投機取巧的心態。

　　教師應於平時教學或常規管理中，要求學生培養誠實美德，

如果不誠實或說謊被老師察覺，其處罰是加倍的，故意說謊是一種不為人們贊同的行為。教師要省思的是為何學生做錯事情時不敢勇於向老師承認，班上目睹事件的同學為何也不敢向老師告發，對於學生不當行為或因吵鬧玩笑引發的違規行為，如果教師得知後只採取嚴厲責備、斥責、處罰等負向管教方法，當事者在懼怕被老師責罰的情況下，當然會避重就輕、不敢勇於承認，反正不承認且班上同學不舉發，老師也不知道。教學歷程中如果老師能明確讓學生知道做錯事情不勇於誠實承認的後果或說謊後果的嚴重性，則學生較不敢說謊或不誠實；此外，教師對於違反紀律或常規行為的學生，多能以說理告誡，採取合理性的責罰方式，才能讓學生心服口服，當學生自尊心沒有受到傷害，師生關係沒有被破壞，則學生對於教師的懲罰更能服從，也較會對自己的行為負責。

四、懲罰當事者的同時也要配合運用正向管教策略

班級經營或常規管教方法，最忌諱的是教師的責罰方式欠缺價值性與認知性，當學生出現偏差行為時，教師沒有讓當事者知悉其行為的錯誤處，瞭解其行為對學習活動進行或同學安全的影響程度，而只採取負面的懲罰方式，或以不合教師言語倫理行為嚴厲斥責學生，如「你嘴巴有問題，上課不講話會死嗎？」、「你耳聾了嗎？為什麼老師說的話你聽不見！」、「每節課只會調皮搗蛋，你就不能乖一點嗎？」、「只會捉弄同學，真被你氣死了」、「教到你實在有夠倒楣的」等，教師斥責學生行為不是的同時，也要以理告知，讓學生真正明白其行為的不當之處，或玩笑行為的危險性；教師處罰學生之後也要鼓勵學生，讓學生知

道教師對他的期望與肯定，這是懲罰的「認知性」。暴力行為中若只對當事者行為責罰，而未就其錯誤的思維模式加以教育輔導，則其內在的認知信念沒有改變，當事人持續傷人的行為，多數不會因受到責罰而停止，其關係脈絡圖如下：

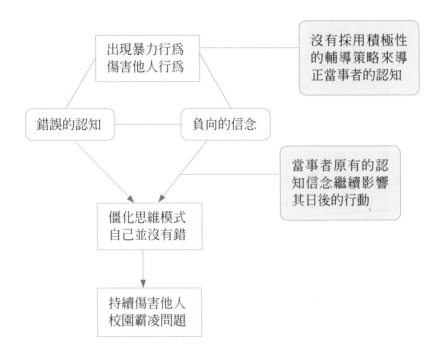

　　每種懲罰行為在於使學生知道「我這樣做是錯誤的行為」、「這種玩笑行為是不能做的」，因而懲罰的實施必須有其價值性，欠缺價值性或沒有教育性的懲罰行為是會得到反效果的，如學生伸出腳來故意絆倒同學，教師以抄寫課文作為懲處，此種懲罰方式不僅無法完全改變當事者的不當行為，反而因抄寫課文而討厭學習活動；學生上完體育課從操場急速奔跑回教室，在一樓走廊不小心撞傷他人，教師以罰跑操場作為處罰（因當事者想快

速奔跑回教室），並責備肇事學生說：「你喜歡跑，就讓你跑個
夠。」此種罰跑操場作為不小心撞傷他人的懲罰方式也不符合教
育價值性。教師不合理的懲罰方式或傷害學生自尊的言語，都會
嚴重破壞師生的關係，當師生關係不佳，班級氣氛不和諧，學生
就不會認同、信服老師，學生也不會聽進去教師的教誨，變成言
者諄諄，聽者渺渺，即使教師再苦口婆心也沒有用，因為當師生
關係不好，學生不再認同老師、不再信服老師、不再喜愛老師
時，教師的管教是無效的。

　　對於霸凌事件的加害者或協助加害者而言，教師只採取懲
罰或記過方法並不能真正改變學生的偏差行為，因為當學生的認
知或信念沒有改變，表示當事者對事件看法的思維模式並沒有
改變，僵化而錯誤的思維模式持續存在，會使當事者持續展現暴
力性或傷害性行為，因而負向的管教策略只能治標不能治本，信
念或個體的認知會進一步影響當事者之後的行動；相對地，如果
教師或介入處置者在採取懲罰記過的同時能配合應用正向管教策
略，對當事者加以開導、循循善誘，改變當事者的思維模式與對
事件、同學不一樣的看法，才是治標兼治本的方法。要改變霸凌
事件中傷害者的認知與信念，必須經過一段時間，不是短時間即
可達成，此部分需靠介入處置者或教師的耐心與愛心。霸凌事件
處理策略的二種可能結果脈絡圖如下：

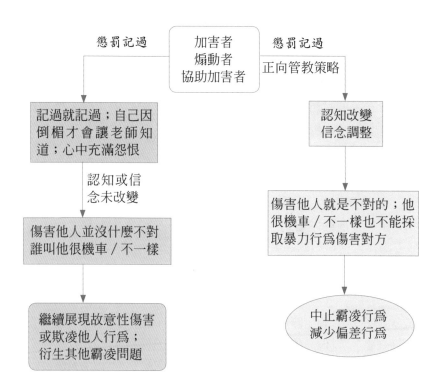

　　班級氣氛的良窳與學生的偏差行為有密切關聯，在一個溫馨和諧的學習情境中，學生較會互助合作、相互包容，有較高的同理心；相對地，班級氣氛不溫馨的班級學習環境，師生間缺乏信任感，同學間相互猜忌、同儕間勾心鬥角，親師生衝突事件不斷，這樣的學習氛圍下，同學間對彼此的關懷程度低，也不會相互支持包容，同學間相對的也較缺乏同理心。缺少關懷支持系統的班級組織，學生較會出現偏差行為與霸凌事件，因為同學間無法互相包容，欠缺同理心，彼此間若發生爭執吵架，很容易出現暴力行為；此外，由於學習氛圍不佳，學生會有較多挫折感、怨恨情緒與負向行為，這些因素都是促發學生成為傷害他人或欺

凌他人的藉口,再者,由於師生關係不良,即使學生目睹或知悉霸凌事件,也不想告知老師,成為霸凌事件的局外人。可見學習氛圍或班級氣氛與學生負向行為、霸凌事件的發生是有必然關聯的,教室氛圍及班級文化會影響到師生關係的好壞、學生個體的認知信念與情緒態度,相對地,學生個體的正向信念、理性的情緒態度等變因也會影響到班級的氣氛,這二個變項是互為因果關係的,當學生人人懂得友愛他人、尊重同學,則能包容體諒同學,在一個和諧、互助、充滿愛的國度中,學生的偏差行為會減低許多,進而較不會衍生校園霸凌問題,班級氛圍、學生信念、態度與行為表現、霸凌事件的關係脈絡圖如下:

| 教室氛圍 班級文化 教師言行 | 師生關係品質 個人認知信念 學生情緒態度 | 同儕互動不佳 互助包容力低 支持同理欠缺 | 學習動機減低 偏差行為增多 衍生霸凌事件 |

五、全面掌控,避免傷及學生自尊,減少爭執衝突事件的發生率

　　有經驗或思維周密的老師必須能預測事件發生後的可能結果(陳奎伯、顏思瑜譯,2009),進一步採取較為合理而可行的方法來因應,如老師要將學生實作成果(如繪畫、報告、藝術作品等)展示給全班學生觀看,則必須思考到的是將較差作品或成果展示給學生觀看時,是否會讓全班同學取笑當事人,而傷害

到當事人的自尊，如果教師預料展示某一位同學的實作作品時，會讓多數同學嘲笑他，認為作品很差（如畫的很差、報告寫得很不好、作品很幼稚），教師就不應將學生的作品或成果展示，有經驗的教師可以採用其他相對應的方法來展示較差的作品，如別班同學的作品或報告（如果班上有同學取笑，當事者也不知道，只要教師不要讓班上同學知悉作品為何人，則同學的嘲笑舉動絕不會傷及當事者）、教師自行蒐集或實作的作品。若是教師要展示班上實作作品讓全班觀賞，並提出個人看法，教師可以挑選優秀作品或較好的成果，如此也可以達到作品鑑賞的目的。課堂中任何教學活動或管教方法若傷害到學生自尊，都絕對不是正當合理的作法，學生自尊心若受到傷害，會讓學生懼怕學習、討厭老師，進而引發一連串的班級問題。

再如學生第一次到專科教室（如電腦教室、視聽教室、實驗專科教室等），可能會因為想搶到前面位置或自己喜愛的座位，互相推擠而發生衝撞打架事件，思慮周密的教師應可預料此種行為可能發生，於學生離開班級前會事先告知學生：「專科教室的位置，任課老師已經事先照座號安排好，同學進教室時不用搶先進入或急著搶占位置」、「電腦教室或視聽教室內的座椅都有編號，同學要按照座號就座」、「進專科教室時要排隊，不要搶先推擠衝撞，以免發生意外」，如果老師事先告知學生、教育學生，則推擠衝撞打架引發的暴力事件或傷害事件就可避免，某些校園霸凌事件的導火線正是起於同儕間的衝突爭執，如果班級同學間衝突爭執事件減少，則傷害欺凌行為也會減少，相對地，也可以降低班級意外事件的發生。

班級常規管理事件中，有些學生之所以有不當行為，是因為他們還不知道還有哪些更合理或合適的行為，如想融入某個小

團體，小組成員不想讓當事者融入（因為當事者喜愛課堂講話，課堂中常被老師責罰），當事者便故意拿走小組某個成員的學用品，以引起小組成員的注意與重視，但此種行為反而更激怒成員，愈不想讓當事者加入其小組；之後，當事者再採取更不恰當的行為，如捉弄成員、將成員的學用品藏起來等，當事者採取的這些行動都是令小組成員生氣、不滿意的行為，因而當事者表現的行動愈多，愈遭小組成員討厭、排擠，這就是當事者不知如何與人進行理性互動、構築朋友間良性溝通的橋梁。不知道如何與同儕進行理性互動，也是引發班級衝突爭執的原因之一，教師不應期待所有學生都已具備人際溝通的知能，教師必須提供一些具體策略或案例，協助學生展現令他人滿意而恰當的行為，解決學生人際溝通困境，減少同儕間的衝突吵架事件。對此，教師應有以下體認：

「教師不要先假定所有學生都已經知道所有該做的事情。」
「教師不應假定所有學生都會表現理性成熟的行為模式。」
「教師不應假定所有學生都已知悉能為與不能為的行為。」
「期許學生要展現的正向合適行為要明確的讓學生知道。」
「期望學生展現合宜行為教師必須教育傳遞給學生知悉。」

第 7 章

教師的預防策略

教師在校園霸凌事件的預防策略上，積極做法是要採用預防性常規管理與支持性常規管理（治本方法）；消極做法才是採用改正性常規管理（治標方法）。系統的處理策略是從學生正向觀念的導正、正向價值觀的培養、優質學習環境的營造、法治觀念的加強、同儕良好關係的培養等著手，表現果斷反應型之教師，積極處理學生霸凌問題，不偏袒、不逃避、不應付，從平時教學中培養學生的同理心，對他人的尊重與包容力，消弭學生暴力行為或攻擊行為。班級經營中教師可從以下幾個具體面向著手：

一、強調品德教育，培養正向價值觀

　　許多霸凌者對暴力行為反而持有正向的態度，對正義誤解，誤以為暴力是解決同儕問題的萬靈丹，錯誤價值觀是導引學生有暴力行為的原因之一，當學生有良好的品德行為、懂得包容及尊重同學，則不會採用暴力方法來處理同儕間的衝突，除非施暴者本身有原生性的天生疾病。身為老師者必須於平時教學中融入生命教育、品德教育與人權教育，對學生進行正確觀念的引導與正向價值觀的建立，讓學生瞭解到民主多元社會中的「民主化」、「多元化」、「差異化」的重要性，進而讓學生知悉暴力（不論是言語傷害、肢體傷害、情緒傷害等）是不被社會允許，尤其是學校組織中使用暴力行為者是嚴格被禁止的。教師可進一步輔導教育學生，讓學生知道：「暴力是無法解決問題的」、「暴力行為除了傷害別人，也會傷害自己」、「使用暴力行為並不是一件酷的事情」、「暴力是不被允許的」、「暴力行為不僅違反校規，更是違法的」、「暴力行為是錯誤的」、「有暴力或傷害行為是不對的」。

　　此外，教師也應鼓勵同學有正義感，不要做沈默的一群，當同學發揮集體正義，共同揭發不合理或霸凌事件時，就能阻止或預防校園霸凌的行為，如同學看到、知道或聽到有同學被欺凌，或同學以暴力傷害他人等，務必讓老師知道，讓老師知道的訊息管道很多，如直接跟老師講，或以電子郵件告知老師，或以傳統信件告知，或以手機告知老師，或以手機簡訊通知老師。為了建立師生溝通的多元管道，教師必須把電子郵件及手機號碼讓學生知道，教師在開學初製作的班級通訊錄資訊中，必須把教師的電子郵件及手機號碼也印在上面；此外，教師也可以在辦公室或教室中置放一個教師專屬的郵件信箱，此信箱沒有老師專屬的鑰匙是打不開的，當同學要告知較為重要或私密的事情時，也可以將事件以信件投遞方式投入教師信箱中，如此可以保護事件告知者。

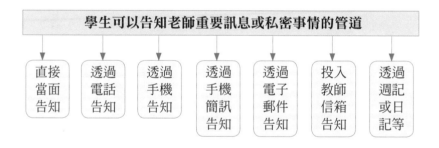

學生可以告知老師重要訊息或私密事情的管道						
直接當面告知	透過電話告知	透過手機告知	透過手機簡訊告知	透過電子郵件告知	投入教師信箱告知	透過週記或日記等

　　電子郵件及電腦技能的操作與使用是新時代教師基本的資訊素養，教師應養成定時收看電子郵件的習慣，如果是同學問題或學生訊問之事，教師必須回信，藉由電子郵件可以彌補課堂學習中不善言語表達者另一個溝通及學習的管道；手機是科技社會下師生普遍擁有的通訊工具，為培養同學手機使用倫理，教師應以身作則，於課堂中不要接聽來電（師生在上課中規定不能使用手機，除了特殊重要事情或突發事件），但教師可將手機開機，

模式設定為震動與靜音方式，當有人傳遞簡訊可於下課時間或課餘時再瀏覽查看。不論教師是藉由何種管道，若是得知班上可能有人涉入霸凌事件時，教師必須立即進行查訪工作，如果涉入霸凌事件的同學來自不同班級，教師必須向學務處通報，由學務主任、生教（輔）組長協助查訪，在處理實務上，如果是涉入霸凌事件的受害者及加害者都是同一班學生，而霸凌類型是言語霸凌、關係霸凌、性霸凌，班級教師應可處理，如果教師認為當事人的行為難以輔導矯正，應請求輔導教師介入處置。

二、落實法治教育，知悉暴力行為的刑責

　　許多施暴者或霸凌者本身並不知道其故意持續的傷害、恐嚇、威迫同學的行為已經觸法，等到暴力事件被舉發才知道事情的嚴重性，許多施暴者被帶至學務處調查或警察人員介入處理時才說：「我不知道行為結果這麼嚴重」、「我只是要教訓他而已，不知會發生這樣的後果」。為讓學生具有基本的法治素養，法治教育可採融入式教學，或提供相關案例討論，從實際霸凌事件案例中，讓學生瞭解暴力行為的後果及應付的刑責，教師更要讓學生知道使用暴力行為（包含威脅、恐嚇、打人、破壞、侮辱、誹謗、私吞占有、勒索等）對待同學或他人是要負起法律責任的，加害者及共同加害者等均要負起相關刑事與民事責任的。適用的法律條文如刑法、民法、少年事件處理法（12歲以上未滿18歲之人）（教育部，2011）。

（一）刑罰

　　依少年事件處理法規定，7歲以上未滿12歲之人，觸犯刑罰法

律者，得處以保護處分，12歲以上18歲未滿之人，得視案件性質依規定課予刑責或保護處分。

1 傷害人之身體或健康

　　依刑法第277條，傷害人之身體或健康者，處3年以下有期徒刑、拘役或1千元以下罰金。因而致人於死者，處無期徒刑或7年以上有期徒刑；致重傷者，處3年以上10年以下有期徒刑。

　　依刑法第278條，使人受重傷者，處5年以上12年以下有期徒刑。因而致人於死者，處無期徒刑或7年以上有期徒刑。

2 剝奪他人行動自由

　　依刑法第302條，私行拘禁或以其他非法方法，剝奪人之行動自由者，處5年以下有期徒刑、拘役或3百元以下罰金。因而致人於死者，處無期徒刑或7年以上有期徒刑，致重傷者，處3年以上10年以下有期徒刑。未遂犯亦處罰之。

3 強制

　　依刑法第304條，以強暴、脅迫使人行無義務之事或妨害人行使權利者，處3年以下有期徒刑、拘役或3百元以下罰金。未遂犯亦處罰之。

4 恐嚇

　　依刑法第305條，以加害生命、身體、自由、名譽、財產之事，恐嚇他人致生危害於安全者，處2年以下有期徒刑、拘役或3百元以下罰金。

　　依刑法第346條，意圖為自己或第三人不法之所有，以恐嚇使人將本人或第三人之物交付者，處6月以上5年以下有期徒刑，得併科1千元以下罰金。其獲得財產上不法之利益，或使第三人得之者，亦同。未遂犯亦處罰之。

5 侮辱

依刑法第309條,公然侮辱人者,處拘役或3百元以下罰金。以強暴公然侮辱人者,處1年以下有期徒刑、拘役或5百元以下罰金。

6 誹謗

依刑法第310條,意圖散布於眾,而指摘或傳述足以毀損他人名譽之事者,為誹謗罪,處1年以下有期徒刑、拘役或5百元以下罰金。散布文字、圖畫犯前項之罪者,處2年以下有期徒刑、拘役或1千元以下罰金。對於所誹謗之事,能證明其為真實者,不罰。但涉於私德而與公共利益無關者,不在此限。

(二)民事侵權

1 一般侵權行為

依民法184條第1項,故意或過失,不法侵害他人之權利者,負損害賠償責任。故意以背於善良風俗之方法,加損害於他人者亦同。

2 侵害人格權之非財產上損害賠償

依民法195條第1項,不法侵害他人之身體、健康、名譽、自由、信用、隱私、貞操,或不法侵害其他人格法益而情節重大者,被害人雖非財產上之損害,亦得請求賠償相當之金額。其名譽被侵害者,並得請求回復名譽之適當處分。

(三)行政罰

依行政罰法第9條規定,未滿14歲人之行為,不予處罰。14歲以上未滿18歲人之行為,得減輕處罰。

1 身心虐待

依兒童及少年福利法第58條第1項，處新台幣6萬元以上30萬元以下罰鍰，並公告其姓名。

三、實施案例教學，導引問題解決的合理性

學生之所以會採取霸凌行為來處理同儕問題，部分錯誤的觀念是來自於傳播媒體，認為對受害人使用暴力是解決問題或達到目的最快速的手段或方法，藉由欺凌他人來彰顯自己的權利，有些同學不知這些欺凌、傷害他人等手段均已經「違法」，教師於平時教授法治教育的基本知能外，也可以採用案例教學方式，藉由分組合作學習、腦力激盪法，進行問題有效解決策略的探討，案例教學內容包括已發生的暴力行為者，施暴者及協助施暴者所付出的代價與責任，如果因故意傷害造成對方重傷害，不論被害人是否提出告訴，檢察官均可以依法起訴，因為重傷害罪是一種非告訴乃論罪。

教師也可就之前已發生的校園霸凌事件提出來與同學分享討論，若是同學是其中的人物會採用哪些更好的方法來解決同儕間的爭執或誤會，教師可與同學討論各霸凌事件中，霸凌者、協助霸凌者，或鼓譟者可能要負的法律責任。教師也應明確告知學生，如果受害者是學生自己或是同學目睹或聽到有霸凌事件，可以藉由以下管道迅速反應：1.向導師、學校教師或家長反映；2.向學校投訴信箱投訴或以電子郵件告知學校主任或校長；3.向教育部24小時專線投訴，專線號碼為：080-020-0885；4.向其他管道（警察、好同學、好朋友）告知。

為便於學生能使用電子郵件方式與行政人員溝通或告知重要

訊息,在學校網站中行政人員可將個人電子郵件公告於網頁,因為電子郵件的公告不會干擾到行政人員的生活或工作作息,也沒有隱私權的問題,若是行政人員因個人因素不想將電子郵件公告於學校網頁中,學校也可以建構一個專屬反應校園霸凌的電子郵件信箱,此電子郵件信箱由專人管理,每天負責收發信件並加以管理過濾,若發現有人舉報校園霸凌事件,必須將信件立即轉給學務處及輔導室,由處室負責人員加以訪問查證,為了確保是同學惡作劇或開玩笑行為,教師或行政人員舉發可能的霸凌事件必須加以查證,因為霸凌行為與同學玩笑間的嬉鬧行為是不同的,前者必須是一種權利不對等的情形下,施暴者對受害者重複地、蓄意地加以肢體傷害或言語恐嚇。教師不應將同學間嬉鬧吵架行為擴大渲染為霸凌行為,相反地,更不應將同學的霸凌行為簡單歸類為嬉鬧吵架行為處理。

為便於電子郵件的管理,於電子郵件信箱同屬網頁上可加註類似下列文字說明:「對於匿名或未具名(沒有以真實姓名及班級)舉發的事件不加以處理,對於舉發事件的同學,老師及主任處理時不會將其姓名讓別人知道。」學校在處理以電子郵件或投訴信箱舉發的霸凌行為事件,必須確實做好保護舉發者個人隱私的責任,因為舉發者之所以採用電子郵件或投訴信箱來舉發霸凌行為事件,就是不想讓事件涉入者知道,尤其是施暴者及協助施暴者,否則舉發同學直接於課堂教室中告知老師即可。「確實保護校園霸凌舉發者,不讓其身分曝光或讓他人得知」在處理校園霸凌事件過程中是非常重要的,此外,保護受害學生不要再受二次傷害也很重要,這些都是行政人員與教師在處理霸凌事件中要特別注意的。

四、破除暴力迷思，進行楷模典範教育

　　新時代中，科技更為發達，科技產品不斷推陳出新，改變人們生活型態，也改變人們資訊的獲取方式，由於電視媒體、報章雜誌、電腦網路等傳播媒體科技的日益精進，學生、青少年獲取資訊的管道更為快速，也更為簡易。在獲取的眾多訊息中，如何判別資訊的真偽、如何篩選、過濾資訊是十分重要的，但新時代青少年對於資訊的判別能力欠缺，也沒有耐心加以深思判別；缺乏足夠判斷力的結果，多數將訊息轉化錯誤，因而誤將社會惡人視為個人楷模，誤認國會打架之民意代表為英雄，誤判用非法手段獲取暴利者為未來學習對象。形成此種偏差社會認知觀，一方面是由於新時代的學子價值觀念偏差導致，如重物慾享受而忽視品德行為；一方面則是由於傳播媒體不當報導所致，尤其是後者。由於傳播媒體報導不當、誇大或過分渲染結果，誤導新時代學子的價值觀；價值觀的混淆，使得個人認知偏誤，不當、不良行為增多，造成社會治安的一大問題，也造成教師班級管理的一大困境之一（吳明隆，2010）。

　　浮濫的傳播媒體中，充斥了許多崇向暴力與武力取向的電影、影集等節目，帶給中小學學生錯誤的價值觀及不良偶像崇拜，負向的影響讓學生模仿學習，以為使用暴力是解決問題最快的方法，傷害他人是一種個人英雄的表現，採用拳頭是讓對方屈服的最好方式，「你如果得罪我，就送你一個汽油桶及打火機」；「因為你很白目，所以欠扁」；「因為你跟其他同學不一樣，所以欠揍」、「因為你很愛出風頭，所以欠打」等。導師須讓學生瞭解，以暴力解決問題就是不對、傷害他人就是違法，欺負弱小也不是「酷」的行為。現實社會是法治社會，違法的事情

定是不對的，打人、威脅同學、傷害同學、辱罵同學都是不對的行為，班級有班規、學校有校規、社會有各種法律，任何人的所作所為不僅要遵守班規、校規，更不能逾越法的界限，霸凌他人不單是違反校規，更是違法的行為。

　　課堂教學中，老師可以利用討論法讓學生學習同理心，像是「如果你被欺負，心裡會怎麼想？」、「如果別人看到你被欺負時，你心裡會怎麼想？」、「如果被同學傷害的人是你，你會怎麼想？」、「如果分組時被同學排擠的人是你，你會怎麼想？」、「如果學用品被割壞的是你的，你會不會難過？」、「如果發生衝突被破壞的物品是你的，你會怎麼想？」、「如果班上同學都不跟你講話，你會怎麼想？」、「如果你想跟大家一同學習，但大家都排斥你，你會怎麼想？」、「如果被取綽號的人是你，你有何感想？」、「如果你沒有錯，但有很多人冤枉你，你會不會很難過」等，老師可以從多元智能的理論、天生我才必有用論點讓同學知道個別差異存在的事實，同學間本來就是不一樣，因為每個同學來自不同的父母、不同的家庭，差異的存在是合理的，不能因為同學與人不同就受到不合理的待遇。

　　從班都拉社會學習論的觀點而言，學生的許多行為是透過觀察模仿而來，如果學生生長的家庭為暴力取向或攻擊導向，則學生會有較多的暴力傾向，當學生父母採用權威式管教方法，而以怒罵、動粗及體罰方式對待小孩，或是學生生長家庭的父母一方有家暴行為，則學生也較有可能有暴力行為傾向，因為在學生從小耳濡目染下，習得以暴力解決問題，錯誤的價值觀告知：「暴力是解決衝突的最佳捷徑」、「欺凌別人是獲得權力或贏得別人尊敬的最簡便方法」；此外，家庭教育功能失調的學生，長期缺少父母或照顧者的關懷、缺乏同理心及與他人正向互動的態度、

學生生長的家庭為高風險家庭等，都較可能有攻擊行為或暴力傾向（只是可能並非絕對）。孩子沒有選擇父母的權利，也沒有選擇家庭的機會，當學生的家庭教育失去原有的功能後，更突顯學校教育與老師輔導管教的重要，只有當教師瞭解學生的生長環境及家庭管教型態，才能運用有效策略輔導管教學生、進行適性教育，也才能採用有效策略與家長進行溝通，以學校教育功能輔助家庭教育的不足，此時，教師最重要的是要深入瞭解班上每位學生。

　　教師在班級經營的輔導管教中，要採用說理的方式，不要採用責罵方法，更不能使用威嚇、體罰方法，因為教師對待同學的方法，就是學生對待其他同學的方法，教師的言教與身教的行為，會被班上學生學習複製，這就是社會學習論的論點，從社會學習論的觀點而言，學生模仿的教師行為包括教師個人的特質及教師表現在外的行為模式，社會學習的最終目的是教育學生藉由注意楷模者的行為、記住觀察到之楷模者的行為、想要表現觀察者行為、具體展現楷模者的行為等歷程培養學習者的自律或自我調整的能力，自我調整是學習者可以控制自己行為的能力，當學生可以控制自己的行為，與同學發生衝突吵架時，就不會隨意出現暴力行為或有傷害性的舉動。身為教師在班級經營中若能「愛心多一點、包容多一點、溫柔多一點、耐心多一點、親切多一點、好話多一點、關懷多一點，則學生的行為可加好幾點」，就學生而言，教師「好聽的話永遠不嫌多，刺耳的話一句也嫌多。」

家瑞每次考試成績都不理想，任課數學的張老師在發考卷時，常會加以言語諷刺：「你是豬頭啊！才考42分」、「你是白癡啊！考這個是什麼分數？」、「你有頭無腦啊！真不知腦中裝的是什麼鬼東西」，不管家瑞再如何努力，數學一科的考試分數多是在40分邊緣，由於每次張老師發考卷時都會奚落家瑞，因而張老師對家瑞的諷刺用語漸漸的變成同學稱呼家瑞的綽號，少數同學都以「豬頭瑞」、「白癡瑞」來叫他，每當家瑞聽到同學這樣叫他，都會生氣的回答：「我不是豬頭」、「我不是白癡」，家瑞因為自覺成績不好，自認被老師認定是壞學生，因而也不敢將同學對他的言語辱罵告知導師，漸漸的對數學一科的學習失去信心。

　　案例中同學之所以會對家瑞言語欺凌，起因於數學老師發考卷的言語諷刺，班上少數同學受到數學老師用語制約的影響，紛紛以「豬頭瑞」、「白癡瑞」來諷刺家瑞，這種綽號對家瑞而言是一種貶抑與嘲諷，家瑞聽到後當然會有不悅的感覺。從霸凌議題的內涵來看，家瑞是言語霸凌下的受害者，以「豬頭瑞」、「白癡瑞」來稱呼家瑞的同學都是協同加害者，而數學老師才是主要加害者，或許數學老師會辯稱上述的言語是種激勵語，目的在激勵家瑞能更加用功，數學成績能更有進步，但從教學倫理的觀點而言，數學老師的行為及言語已違反評量倫理，因為數學理解力對家瑞而言是一種弱勢智能。

　　從學習過程與表現結果的觀點而言，如果學生已盡力了，即使數學每次都考不及格也沒有關係；就評量的應用來講，教師要探討的是家瑞是否有數學學習障礙問題，或對數學的學習方法是

否有盲點？教師可採用的策略為對家瑞進行補救教學，或指派班
上同學擔任小老師，利用課餘時間指導家瑞，以正向鼓勵用語取
代負向的嘲諷語，如「家瑞，不錯呢！這次比上次進步二分，希
望下次能持續進步」、「家瑞，老師説的沒錯吧，只要你把握會
的題目，用心去演算，成績會比之前還好，加油！」，評量的倫
理之一是不論同學成績結果為何，教師均不能對同學言語諷刺，
或以成績結果作為懲罰學生的藉口，由於教師的言行日後會被同
學效法學習，所以教師的言語表達就十分重要。上述教師違背評
量倫理所延伸的言語霸凌事件，其演變過程的脈絡圖如下：

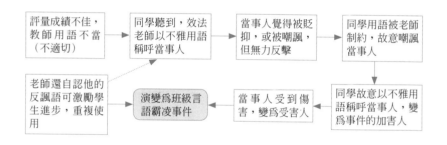

五、藉由親職教育，發揮家庭教育功能

　　許多學生的暴力行為是根源於家庭、顯現於學校，當家庭
教育功能無法發揮正常教育功能時，光靠教師的力量是無法完全
導正少年或青少年階段的學生。由於少子化的趨勢，家長將小孩
視為寶，過度溺愛或放任不管，當小孩在學校與同學發生打架、
爭吵或衝突時，家長都認為是同學的錯，很少嚴格管教或告誡自
己的小孩，缺少自我反省的能力，進而親師溝通的效益也大打折
扣。遇到放任不管或過份寵愛的家長，或對小孩有違犯紀律行

為，甚至有暴力行為的，家長知悉後卻置身事外者，教師或行政人員要特別與之溝通，如進行家庭訪問或請其至學校商談，明確告知小孩若有暴力行為或霸凌行為時，法定代理人應負之法律責任。

民法第12條（成年時期）：「滿二十歲為成年。」；第12條（未成年人及其行為能力）：「未滿七歲之未成年人，無行為能力。滿七歲以上之未成年人，有限制行為能力」，第187條（法定代理人之責任）：「無行為能力人或限制行為能力人，不法侵害他人之權利者，以行為時有識別能力為限，與其法定代理人連帶負損害賠償責任。行為時無識別能力者，由其法定代理人負損害賠償責任。」中小學學生的年齡層屬民法第13條中未滿20歲之未成年人，如其成立民事上的侵權行為，法定代理人依同法第187條規定也應負連帶責任。

另依據少年事件處理法第84條規定：「少年之法定代理人或監護人，因忽視教養，致少年有觸犯刑罰法律之行為，或有第三條第二款觸犯刑罰法律之虞之行為，而受保護處分或刑之宣告，少年法院得裁定命其接受八小時以上五十小時以下之親職教育輔導。拒不接受前項親職教育輔導或時數不足者，處新臺幣三千元以上一萬元以下罰鍰；經再通知仍不接受者，得按次連續處罰，至其接受為止。」教師或學校必須明確讓家長知悉，家長（法定代理人或監護人）因忽視教養，致少年有觸犯刑罰法律之行為，或有少年虞犯之行為，而受保護處分或刑之宣告時，所必須負起的責任。

在具體做法上面，學校除在每學期的親師座談會議加以宣導外，教師也可以將上述相關的法律條文內容，表列式的簡要整理成書面資料發給每位學生，並要求家長看完後在簽名單簽名，簽

名單於事後繳回，此部分也可以由學務處統一編製設計。學校川堂的教育櫥窗可以把加害人對他人進行各種傷害時，加害人及法定代理人要負的法律責任，以對照表格文字簡要列出，不定時將此表格貼上，則更可以達到法治教育宣導的功能，若可以的話，每期的圖案及插畫美編可以不一樣（此部分需要美術老師或有設計專長教師的協助），如此宣導的功效就更好。當學生、家長都知道霸凌他人時，當事人及法定代理人也可能要負法律責任，則家長更會約束敦促小孩的品德行為，而不會放任小孩有暴力行為而不管。

六、建構合作夥伴關係，進行有效的宣導

　　學校是社區的文化中心，學校許多活動的推展都需要社區的配合，如義工或志工的人力資源、社區的物力資源支持等。在經濟許可下，社區與學校可以配合辦理親子教育活動或親職教育講座，增進社區家長之親職溝通與管教知能、營造家長與子女間的良好關係，讓家長可以更有效協助教師處理子女的學習困擾、生活適應、人際互動等問題，當家長與教師共同密切注意與關心青少年的心理與行為變化，更能及早察覺問題的癥候；此外，學校與社區間也應建立緊密的夥伴關係，若社區人士或家長於課後或於學區發現疑似霸凌事件，能立即主動通知學校或警察。目前中小學校園保全系統，二十四小時均有保全人員留守，學校也應教育保全人員接獲疑似霸凌事件時，必須立即通報行政人員，如校長、學務主任、輔導主任或生教（輔）組長等，學校的通報聯絡網必須是層層相通、左右串連，如此才能於霸凌事件或意外事件發生的最短時間內掌握到相關的訊息，具體做法為學校統一製作

全校教職員工的通訊錄小冊子，冊子內每位教職員的基本資料至少應包括姓名、家中電話、個人手機（至於電子郵件或家中住址視各校需要決定是否增列），通訊錄小冊子大小應讓教職員工可以隨身攜帶，全校教職員工人手一冊。

　　學校每學期開學不久都會舉辦親師座談（或親師會議），此種會議性質是自願參加，而非是強迫性質，所以並非所有學生家長都會出席（多數無法參加的家長可能因時間無法配合、先前不愉快的經驗、或其他因素等沒有參加），因而對於相關霸凌事件訊息的宣導及學校反霸凌政策的傳遞，無法讓每位學生家長得知。為讓全校所有家長知道學校反霸凌政策及相關霸凌問題的內容，學校應於會後再發給所有學生相關的書面資料，請學生帶回；或各班親師會議紀錄文件中增列此部分的內容，再將親師會議的書面紀錄發給每位學生。此外，每年校慶運動會時，會有許多社區人士或家長到學校參觀，學校可以在活動流程表的後面增列學校反霸凌政策內容；學校川堂兩側的布置內容中，也可利用一個視窗或規劃一個處所，不定時公告學校反霸凌政策內容及霸凌事件的相關訊息，如加害人的責任、受害人告發的管道、目擊者舉發的重要性及舉發的管道等。總之，學校必須有效利用各種管道或媒介，讓校園反霸凌政策及霸凌事件的內容讓所有學生家長知道，如果只透過親師會議宣導是不夠的，因為在學生偏差行為輔導管教的實務經驗告知我們：班級中有偏差行為或令教師頭痛的學生，其家長多數是不參加學校任何會議的（甚至對子女的教育完全放任不管，或沒有時間管教）；多數霸凌事件的加害者、煽動者、協助加害者之父母也是如此，因而相關重要訊息不能只宣導至有出席親師會議或有參加親職教育研習的家長，還應藉用各種管道確實傳遞給未參加親師會議的家長知悉。

七、運用談心時間，發掘學生困擾與問題

　　教師可以透過週記等瞭解學生可能受到加害者的傷害情形，前提是受害者願意將遭到霸凌情形書寫出來，或目擊者願意將看到的情形書寫出來，但週記可能會放在教室，且會發還給每位學生，因為週記的內容他人可能翻閱到，霸凌事件的受害者與加害者、協助加害者等人如果是同一班同學，受害者通常不會藉由週記書寫被霸凌的經過，因而加害者等人可能會於教室中偷看受害者的週記內容，或於欺凌時將受害者的週記搶奪來看，所以霸凌事件中加害者通常不敢於週記中表白，如果敢於週記中書寫受欺凌事實的受害者，通常就會直接告知老師或大人，教師定要瞭解，週記可以瞭解學生的生活點滴、感受困擾及班上一般問題，但要藉由週記知悉是否有班上同學涉入霸凌事件，其功效並非很好。

　　一個班級經營的有效技巧，是老師安排每週一次早自修或午休時間（自習時間也可以）為「老師請聽我說」的談心時間，老師事先設計一個簡要談心表，表的內容包含姓名、要向老師表白的內心話，教師事先告知同學，同學一個星期來遭遇的問題、學習或生活困擾、所目睹到有關班級同學間發生的衝突事件（老師不知道或沒有同學告知老師的事情），或同學的善行、班上的好人好事等都可以書寫，這張表只有老師可以看到，老師會親自觀看並收藏。如果班級老師是位認真負責、且值得同學信賴的教師，則同學會把心中的話語或看到的不公不義的現象透過文字向老師表達。談心時間的目的主要有二，一為發掘班級中有人遭受欺凌不敢以口頭告知老師的事件；二為表揚班上的好人好事或為善不欲人知的同學。

我有話要跟老師說

> 各位同學：
> 這是你抒發個人感受的時刻，也是你表達內心意見的一個時機，如果平時你有什麼話不方便在公開場合跟老師說，可以透過此張表格將內心的話語寫出，你不用擔心，你所寫的內容只有老師一個人知道，老師也不會再告知其他人，這是老師與你們的約定。

姓名：_____

老師我要講的是：

　　彩雲與瑞和是六年五班同學，由於瑞和長相斯文、功課佳，因而在班上人緣很好，彩雲平時很乖巧，學業表現雖不及瑞和，但在班上排名也在前半段，由於彩雲與瑞和三、四年級是同班同學，加上瑞和在中年級及高年級二個班上表現都很好，長期下來，彩雲將瑞和視為心中偶像。有次，彩雲於下課時跟幾位要好女同學全班講，她很喜歡瑞和，彩雲跟女同學的告白被瑞和聽到，瑞和聽到後突然很生氣，因為他不喜歡彩雲而是喜愛班上的另一位女生（副班長），瑞和當著其餘同學面前說：「鬼才會喜歡妳」，沒想到彩雲聽到瑞和的回應後，反而不生氣還說：「老公，我還是會愛你的」，瑞和聽到彩雲稱呼他為老公更加生氣，拿起彩雲的書包往外丟出，彩雲看到後並沒有哭，只是無語的走到走廊將書包撿回，由於瑞和丟擲力量很大，彩雲鉛筆盒中的數支鉛筆還因此斷掉。

　　案例中瑞和對彩雲丟擲書包的行為也是憤怒無法有效控制的一種，但瑞和的此種衝動行為是因為不喜歡彩雲對他的喜愛的表白，其實彩雲的用語並沒有辱罵貶抑瑞和的任何意涵，反而是對瑞和行為表現的一種肯定與欣賞，否則怎會向同學公開表白她很喜歡瑞和，即使瑞和回應她說：「鬼才會喜歡妳」，她也沒有生氣，但瑞和表明的是他並不喜歡彩雲，但瑞和又不敢對彩雲有直接身體上的傷害，因而只得改以丟擲彩雲書包作為生氣憤怒的轉移，也向彩雲表示他並不喜愛彩雲對他喜歡的表白用語。

　　如果每次彩雲向同學表白她很喜歡瑞和，瑞和聽完後均丟擲彩雲書包出氣，造成彩雲部分鉛筆或學用品的毀損，雖然彩雲

是同一受害者，也有學用品遭受同一人破壞，瑞和是加害人也是事實，但整個事件並不是校園霸凌問題，因為瑞和（加害人）的行為並不是故意的，如果受害人（彩雲）沒有說出他不喜愛的用語，瑞和是不會故意丟擲彩雲書包的，且瑞和丟擲的行為是於班上多數同學都看得到的，這與霸凌行為完全不同，只能說瑞和的對於憤怒生氣後的行為控制不適宜。

對於上述班級間因學生個人信念與認知間不同引發的衝突行為，教師必須立即介入調停處理，對全班進行兩性平等教育及人權教育，如果班級導師放任不管，則部分同學會效法瑞和的暴力行為，認為只要有人激怒他們，害他們不高興，則丟擲或摔同學東西是沒有關係的（至少他們看到瑞和把彩雲書包往外丟的行為都沒有事），行為制約結果，同學可能會採取暴力或攻擊行為來回應激怒自己的人，因而教師的提早介入處理是非常有必要的。此外，教師可以告知瑞和：

> 「彩雲是因為傾慕你、崇拜你，才會告知同學說她喜歡你，其實彩雲的用語並沒有貶損或傷害你的意涵，有同學喜歡你，表示你的表現受到人家肯定，為何你要那麼生氣，即使你真的不喜歡對方，對你也沒有什麼傷害，不用那麼生氣，何況，你丟擲彩雲的書包，彩雲都沒有生氣也沒有對你進行任何反擊，如果你不喜愛彩雲告知其他同學：『她喜愛你』這幾句話，你可以直接跟彩雲講，或告知老師，老師會替你處理，記得：『破壞同學的東西是不對的行為，即使你認為你的理由很正當』。」

教師可以對彩雲說：

「彩雲，老師也知道你喜愛和崇拜瑞和，但瑞和並不喜
歡聽到你跟同學公開說：『妳喜歡他』，瑞和的確有很
多優點值得同學學習，但瑞和也有不少缺點，如生氣時
會丟別人的書包。雖然妳的學用品有被弄壞，妳表面上
裝若無事，但老師相信妳心裡也十分難過，老師肯定妳
的是妳沒有對瑞和進行人身傷害的反擊。如果你之後不
要再講喜愛瑞和的話惹瑞和生氣，也許瑞和對妳的評價
與認知會改變，何況平時你們也相處很愉快和諧，以妳
的聰明才智與實際感受，老師相信妳能體會，老師也相
信妳能做到。最後，老師要告知妳的是：「不管什麼緣
由，如果再有同學丟擲妳的書包或學用品，或破壞妳的
東西都要跟老師講。」

八、充實班級經營知能，運用有效策略，建構友善的學習環境

　　班級經營得宜、師生關係和諧、同儕關係良好、學習環境友
善，班級環境是溫馨的、和諧的、安全的。有效能的班級經營前
提是教師的愛與耐心要讓學生感受到，教師的付出與用心要讓學
生看得到，但單靠愛及以身作則還不夠，教師的常規管理與紀律
維持必須講求策略與方法，策略是要因應學生的個別差異，選用
適合的管教方式，此即為因材施教的具體實踐，管教方法必須結
合科學性與藝術性才能有事半功倍之效，教師除平時充實有關班
級經營的知能外，重要的是要多涉獵正向管教的策略，才能經營

霸凌議題與校園霸零策略

好自己帶領的班級，減少學生的不當行為或偏差行為，進而減少
霸凌事件的發生。班級經營行為與霸凌事件較為密切的具體作法
如下：

1 發掘學生優點，多以正向言語鼓勵每位學生

　　避免月暈效應的行為發生（月暈效應是以偏蓋全的謬誤），
以免無法發掘學生的長才，教師不能因學生學業成績不佳，而推
論其所有表現或品德行為均不好，教師多給予學生肯定、鼓勵學
生，則自我應驗效應結果，學生會對自己較有信心、提升個人的
自尊心、喜愛班級的學習活動。所有學生（包含有偏差行為的學
生）都非常在意老師的鼓勵與稱讚，教師的一句正向話語或一
個正向態度對學生的學習或行為表現都會有正面影響。教師最重
要的是多看學生的優點，多發掘學生的長才，即使是班上多數教
師認為的頭痛人物，至少也有其較為可取的一項行為，教師不能
以「這個學生無藥可救」、「這個學生一點優點都沒有」來描述
學生，甚至當著學生面說：「教到你，是我最倒楣的一件事」、
「教書這麼久，沒有教過像你行為這麼惡劣的學生」、「你真得
像流氓一樣的壞」等等，教師對學生的這些用語，不僅對偏差行
為學生沒有導正的功能，可能會令其自暴自棄，自我放逐，改以
展現欺凌他人的更偏激行為。教師將心比心，省思自我的用語與
對學生的態度，因為：

　　　「沒有一位學生願意被老師標記為壞學生。」
　　　「沒有一位學生願意被老師公開嚴厲責備。」
　　　「沒有一位學生願意自甘墮落或自我放棄。」
　　　「沒有一位學生願意被老師公開言語奚落。」
　　　「沒有一位學生喜愛被人指責為不好同學。」

「沒有一位學生不想被老師公開讚許鼓勵。」

「沒有一位學生不想被老師公開肯定表揚。」

「沒有一位學生不想自己有更好成績表現。」

「沒有一位學生不想自己優點被他人發現。」

「沒有一位學生不想自己長才被同學稱讚。」

2 掌控教師情緒，多以正向行為作為學生典範

處理學生不當行為時避免情緒失控，以成人狀態（說理、溝通的模式）取代孩童狀態（情緒起伏很大），以果斷反應型教師類型取代優柔寡斷類型或怒氣沖天類型教師。因為班級教師的言行舉動都是班上學生效法的，當教師以怎樣的態度與方法對待學生時，學生也會以怎樣的態度與方法對待同學，若是教師都以大聲斥喝、辱罵責備學生，處罰學生，則學生習得對待衝突或爭執事件的方法為言語相互責罵，衝撞打傷對方；教師對於學生犯錯行為的懲罰，從不探討其背後原因，也不聽學生對緣由的表白，則師生關係緊張，學生自然不會將看到或自己遭遇到的霸凌事件告知老師；相對地，如果教師以說理取代責罵、以溝通取代權威式懲罰，即使懲罰也讓學生心服口服，則師生關係不致因老師使用懲罰而緊張。

3 瞭解行為緣由，多和家長溝通共同處理問題

對於班上偏差行為或不當行為的學生，有時單靠教師或學校力量很難收到很好的功效，此時教師必須藉由家長／學生監護人管教權的介入，共同導正當事者的偏差行為。教師可以透過家庭聯絡簿告知學生在校不當行為事件，或以電話跟家長直接溝通，實務經驗顯示，重大事件或學生偏差行為以電話與家長溝通較有效益與效率，也才不會有被誤解的情況發生。教師與家長溝

通時，要採用三明治策略：為之前正向行為或優良表現的告知轉達；其次是事件緣由的陳述，不當行為起因與行為結果的告知；請家長多約束督促管教，協助偏差行為的導正，孩子會變得很好。如果家長無法配合，學生偏差行為沒有改善，教師要立即轉介至輔導室，請輔導室介入處置，因為許多霸凌行為是從學生班級偏差行為或不當行為延伸而成，如果教師或行政人員沒有積極處理，則當事者可能成為霸凌事件的加害者。

4 善用教學評量，堅持公平合理方式對待學生

　　教師的教學經營、管教經營、評量經營等教師行為都要符合教學倫理規範，倫理規範是教師要共同遵守的道德或法則行為，教師的管教懲罰要符合教育部訂定的管教與輔導的注意事項，任何教學活動、管教行為、評量實施等均不能傷害學生或以言語諷刺學生，在升學主義掛帥下，很多家長、學生的迷思是「成績好才是好學生」、「成績不好者是壞學生」，教師要破除家長及學生迷思的關鍵，就是教師本身不能有此種迷思，教師不能過度強調學生的學業成績，或只重視班級學生考試分數的優劣，而忽視學生其他的學習活動或品德行為，教師要以公平及合理態度對待班上每位學生，當教師能做到公平一致、不偏袒成績好的同學，對於事件處理就事論事，則學生間才能和諧相處，不會以成績表現好壞試圖排擠某些同學，教師的班級經營目標應是「品德優先、安全第一、快樂學習」，如果教師有正確班級經營理念，能展現合乎倫理守則行為，則不會採用違法或體罰的方式處理學生間的不當行為，或出現嘲諷或傷害學生的行為。

　　教師不能讓學生誤解：

　　「成績好的同學做什麼事都是對的。」

「成績差的同學做什麼事都是錯的。」
「老師的心目中就只有成績或分數。」
「老師對待成績好的同學比較親切。」
「老師對待成績差的同學十分嚴苛。」

5 熟悉理論模式，適時應用於學習活動及行為改變之中

　　善用行為改變技術，減少學生的偏差行為，行為改變技術是運用增強原理，配合各種增強物以輔導改變學生的不當行為，進而增強持續學生正向行為。增強物包括物質性增強物、社會性增強物、活動性增強物等，教師若能瞭解學生特性、善加運用學生喜愛的增強物，配合行為改變技術的原理，可以有效減少班級學生不當行為的產生。活動性增強中較具效果的為「普利馬克原則」，此原則乃以學生喜愛的行為或活動（高頻率性的增強活動）來增強學生較不喜愛行為或活動的展現（低頻率性的活動）；此外，教師也可採用增強相對立原則，減少學生的不當行為，增強相對立原則乃基於二個相對行為無法同時出現的假定，因而喜愛干擾學習活動進行的學生，可將其指派為班級的風紀股長；喜愛捉弄他人的同學，可指派其為班級的服務股長。行為改變技術若能配合教師的說理與善誘開導，則對於學生偏差行為的改善會有很大幫助。

第 8 章

建構友善班級的策略

攻擊行為（aggression）是一種有意圖的行為，從生理上或心理上傷害另一個人或是另一個團體。以班級學生為例，加害人會在走廊上互相絆倒對方、拳打腳踢、拿走對方的東西、互相嘲笑使對方感覺不快、講出威脅語言，如：「我要扁你」、「你給我注意」。他們也會互相散播謠言、說謊、誹謗他人的名聲等等，組成小團體排斥他人，甚至任意破壞他人東西。攻擊行為有二大類型，一為工具性攻擊（instrumental aggression）行為、二為敵意性攻擊（hostile aggression）行為，工具性攻擊行為指的是當事人為了想得到某些東西或物品而導致他人遭受傷害的策略性行為，如果當事人習得社會溝通技巧，區分搶奪與借用的差別，則工具性攻擊行為會減低；敵意性攻擊行為是由憤怒或生氣所驅使的衝動，蓄意的對他人造成傷害，當事人想從攻擊行為本身中去主導他人、去控制他人，他們誤認攻擊行為本身是有價值的，在中等教育階段，敵意性攻擊行為如言語侮辱、打架、玻壞物品、行竊他人物品、習慣性說謊、攻擊他人、搶奪、強暴等暴力行為等。課堂中的敵意性攻擊行為主要有三種方式：出手挑釁（無故挑起肢體攻擊）、言語反抗（針對老師的言語加以攻擊）、言語傷害（針對同儕的言語加以攻擊）（陳奎伯、顏思瑜譯，2009）。課堂中常出現敵意性攻擊行為的學生，變為霸凌事件的加害人或協助加害人的機率很大，他們之所以故意傷害他人，主要因為缺少同理心與社會技巧，無法有效處理因衝突導致的情緒失控問題、無法以正向而有建設性的方法來處理負向情緒，而其背後原因可能是他們來自於充滿於暴力或衝突的家庭（高風險家庭），或是來自低社經地位或文化不利家庭等。

班級是一個小型社會的縮影，從微觀教育社會學領域而言，班級其實是一個小型社會，班級內學生的個別差異很大、異質性

高，同一個科學方法延伸的教學、輔導、評量、管教等策略並無法同時齊一套用於班級內所有學生身上，教師要因應學生的個別差異，採用最適合的管教輔導方法、教學策略與評量型式，此種因學生個別差異採取的策略即為因材施教，因材施教是一種藝術策略，此藝術策略的有效運用，除靠教師的專業知能的轉化應用外，也要從自我或資深教師的教學經驗省思中習得，有效能教師不會從嘗試錯誤經驗中摸索學習，否則可能產生負面後果。

以學生課堂講話為例，有些學生只要教師稍微提醒一下，學生課堂不專注的行為即會收斂，其餘時間均會專注聽講；有些學生要老師一再訓誡並大聲斥責，不專注行為才會改正，同樣的不適當行為或干擾教學活動進行的行為，因為當事者（學生）不同，教師有時就應採取不同的處理策略，公平一致的對待學生與藝術策略的運用並非是相互矛盾的，公平一致指的是教師對學生不能有差別歧視，或因學生文化、家庭、社經、種族等不同，而對學生產生不同的偏愛，若是教師的出發點是良善的，目標是要將每位學生帶上來、讓學生可以根據個人興趣與潛能發揮所長，則藝術策略的運用是格外重要的。再以增強原則的使用，有些學生希望的是物質性增強、有些學生渴望的是社會性增強，有些學生盼望的是活動性增強，一位瞭解學生人格特質與需求的教師，才能採用最適合增強物當作激勵學生的媒介，藉由科學方法獲取

的專業與教育知能是身為教師必備的條件，透過藝術策略的運用，才能讓教師專業知能具體落實於班級中。

案 例

　　國中三年五班英文科王老師在黑板上書寫板書，班上陳同學不僅沒有抄寫重點，還站起來捉弄其他同學，干擾到教師教學活動的進行，被捉弄的同學向王老師報告，第一次王老師告誡陳同學，但陳同學的行為只收斂幾分鐘，不適當行為又故態復萌，不僅離開位置拍打另一同學的頭，還發生怪聲音，王老師很生氣把陳同學叫起來，大聲斥責說：「你要不要上課」，陳同學雖靜默不言，但有點吊兒郎當、一臉無所謂的表情，王老師看到陳同學這種輕蔑態度，更加生氣：

老師：你不想上課就出去！

同學：〈靜默不回答〉

老師：看你這種態度，就知道是來學校鬼混的。

同學：〈靜默不回答〉

老師：你不想聽，也不要干擾其他同學學習，你知不知
　　　道你這種行為很惡劣！

同學：〈一臉不在乎的表情〉

老師：老師在講，你有沒有在聽，教到你實在有夠倒
　　　楣！〈老師提高音量〉

同學：〈無所謂的表情回應老師〉

老師：既然你不想聽，就出去，不要影響班上同學。
　　　〈老師音量更大〉

　　同學迅即走回自己座位，背起書包走出教室，當陳同學走出門口的時候，以不屑言語回應老師：「誰希罕上你的課，出去就出去，有什麼了不起。」

＊＊＊＊＊＊＊＊＊＊＊＊＊＊＊＊＊＊＊＊＊＊＊＊＊

　　有些老師不僅以言語辱罵學生，還會以肢體或言語激怒學生，學生受教師激怒結果，演變成師生互毆的暴力衝突事件，如案例中：

同學：〈被老師叫起來罰站〉推開桌椅，從座位上用力站起來。

老師：〈走下講台至同學座位處〉你那是什麼態度，你想打架是不是？

同學：〈直視著老師，一臉不在乎的表情〉

老師：〈身體驅近同學，嚴厲激怒學生〉有種你打看看？

同學：〈直視著老師，一臉不在乎的表情〉

老師：〈身體驅近同學，更嚴厲激怒學生〉我就不相信你敢打？上課只會搗蛋，教到你這種學生實在有夠倒楣。

同學：〈衝動、被激怒的心情從表情上顯露出來〉

老師：〈又提高音量〉你不是想打老師嗎？怎麼還不動手！

同學：〈突然揮拳朝老師身體打上去〉我就是敢打！

老師：〈也加以還手〉你居然敢打老師，演變為師生暴力衝突事件。

　　班級師生衝突中，學生之所以會以暴力方式攻擊老師，除學生原生性因素外（如情緒障礙、躁鬱症等），許多是受教師言語嘲諷或行為激怒導致，此類型的學生如果沒有加以輔導，而直接以校規記過處罰，則學生可能更加厭惡學習或變成中輟生，因為他們是權利不均等中的受害人，可能會將憤怒或怨恨轉移至老

師任教的班級學生，憤怒或怨恨轉移的結果是對任教老師班上同學蓄意報復，加以欺凌或傷害，成為霸凌事件的加害人。教師在班級中的所有言行及舉動，所有學生都可以直覺目睹、感受到，教師對學生的言語及態度都是學生學習的內容，教師應做為學生的典範，而不是錯誤的學習對象，友善班級情境的營造要從教師個人先做起，教師的所有言語、所有回應行動等都要符合教學倫理與管教倫理，教師最重要的是不能意氣用事，從「大人思維」變為「小大人」的行為模式。校園霸凌的三級預防輔導機制為：一級預防著重在營造友善校園與友善班級，落實人權教育、法治教育與品德教育；二級預防著重在預警、即時輔導，防止學生涉入不良組織，或持續發生嚴重暴力偏差行為；三級預防著重查察通報、矯正輔導，協助學生脫離不良組織，減少偏差行為（陳明珠，2011）。

友善校園是家長與學生心中所希望的學習情境，友善校園是個沒有體罰的學習環境，它的目的就是讓學生免於體罰的恐懼，友善校園環境也是近年來教育改革的訴求之一。以教室班級而言，教師所要建立的是一個「友善班級」，在此友善班級群體中，沒有體罰情形的發生、沒有學生間的惡性競爭與勾心鬥角情形，學生同儕間互助合作、相互幫忙、相互約束、相互支持，親師生的關係非常和諧、家長樂於參與協助班級事務、學生喜愛班級學習活動、教師熱愛他（她）的教學工作；家長對教師有高度的肯定、學生對教師有高度的認同、教師對班級事務有高度的投

入感；學生間的不當行為減少，雖然有學習壓力，但也有歡笑、有快樂，學生不論課堂成績好壞都樂觀開朗，願意投入班上的學習活動（吳明隆，2010）。

友善校園型塑的前提是友善班級的營造，當班級是友善的、溫馨的；教師是用心的、親切的；同儕是助人的、包容的；環境是安全的、和諧的，則學生人人會願意學習、樂以學習。教師建構「友善班級」情境的具體策略可從以下幾點著手：

一、能善用正向管教方法

學生總歸是學生（尚在學習的學習者），教師不能要求學生永遠不會犯錯，或要求所有學生都是循規蹈矩的乖學生，因而教師要有容忍學生犯錯的雅量，如果學生是因為好奇、玩笑或是無心的過失，教師要加以言語告誡，以說理方式、有耐心的輔導學生，讓學生知道行為的錯誤。教師不要想以立即快速效果，迅速改變學生的想法與行為，採取大聲責備、不當懲罰或體罰方法，甚至恐嚇、辱罵等言語威脅學生。研究證實不當懲罰會導致師生關係的惡化、為學生帶來負向的情緒、傳遞學生暴力與攻擊行為、損害學生的人格等，有些學生不當行為的改變並非是短暫時間可以見效，教師如果持續採用懲罰或體罰，只會表面抑制學生偏差行為，對於學生行為的改善並沒有實質的幫助，教師應改用正向管教策略，配合行為改變技術及正增強原理來增進學生正向行為。

正向管教的實踐歷程在於「用心經營班級、用愛感動學生、用手帶領學生」，其內涵包括師生僵化心智模式的改善；教師以正向言語鼓勵學生；同儕以合作互助取代競爭比較；教師以身作

則事事為學生典範；師生共同訂定班級生活公約並確實遵守；班
級推展正向文雅用語；重視學生品德及行為表現、存好心、做好
事、說好話，有感恩心、同理心與包容力；鼓勵學生展現自我專
長與優勢智能；教師以言教、身教、境教、制教來經營班級等。
正向管教就是教師要採用其他更為積極性的方法（如支持性與預
防性的常規管理）來啟發、引導學生有更多正向行為，而不是只
採取消極性的改正性策略來處罰、糾正學生，減少不當行為。正
向管教的策略或方法很多，在班級經營中教師是否採用與教師的
心態與創意有關，如果教師有心、有意願，相信教師定能創造出
最適合自己的班本經營模式。對於正向管教的班級經營實踐，教
師應有以下體認：

　　「良好師生關係是改善學生偏差行為的基礎。」

　　「正向管教策略才不會破壞師生關係的和諧。」

　　「正向管教才可以有效改善學生的偏差行為。」

　　「正向管教才可以真正減少校園的霸凌事件。」

二、能妥慎規劃各種課程

　　班級情境的規劃與布置，是一種境教的潛在課程，從課桌
椅的安排、班級內外的美化綠化、教室情境的布置與裝飾等，均
有其教育價值性，班級情境的規劃就是要讓學生能感覺教室環境
的清爽、整潔、美觀、溫馨等。在課程安排上，教師要善用空白
課程，實施人權教育、品德教育、法治教育，其具體做法如教師
利用早自修時間將最近從報章雜誌或網路得知的校園學生衝突事
件，或校園暴力事件案例與學生討論，讓學生思考更有效的解決
策略，當教師不厭其煩的再三告誡學生暴力行為並不是解決衝突

或問題的唯一方式，學生才能思索更合理而有建設性的策略，而
不是遇到憤怒就表現出敵意性攻擊行為。

　　此外，教師應告知學生社交能力與情緒調整能力，此方面，
教師要從自我本身做起，因為教師如果情緒起伏太大，喜怒無
常，容易生氣、愛耍脾氣，無法做好情緒管理，如何教導學生做
好情緒控制，當學生常看到：「老師動不動就生氣」、「老師動
不動就罵人」、「老師動不動就處罰犯錯的同學」、「老師很容
易發怒」、「老師脾氣喜怒無常」等等，則學生對教師說的情緒
控制會心存懷疑，也會質疑老師說的和做的是二套不同標準，
「老師自己都做不到，還要我們跟著做」。所以教師的以身作
則，做好情緒調整，學生從潛移默化中習得教師建設性行為，就
是一種潛在課程。正式課程、潛在課程、空白課程等都是課程的
一部分，雖然後二者的份量不若正式課程多，但其重要性也不容
教師忽略。對此，教師應有以下體認：

　　「班級學習內容趣味化才可促發學生的學習動機。」
　　「班級活動型態多元化才能因應多元智能的理論。」
　　「教師情緒控制能掌控才能發揮以身作則的效用。」
　　「凡事爭奪班級競賽第一名並非活動規劃主目標。」

三、能有效組織班級活動

　　班級組織包括幹部的選舉、活動的安排、清掃工作的分配、
分組學習的規劃等。教師如能有效而快速的安排班級的各種組織
活動，則學生能各司其職，以良性競爭、互助合作完成各種學習
任務。為養成學生負責與社交能力，班級活動或學習的分組中的
組別成員最好每次不同（可採隨機分組方法），若是教師每次皆

由學生自行分組,則班上易形成數個小團體,不利班上同儕關係的維繫,從隨機分組中也可以看出特定被多數班上同學排斥或不喜愛的人,如此,可作為人際關係輔導的對象。

在各種學習活動的安排上,教師不應以學生成績好壞作為活動規劃的參考,或將學生平時行為作為學生是否可以參與學習活動的評斷指標。如學生考試成績退步不允許其參加班級間競賽活動,或學生最近幾天課堂干擾學習活動或出現不當行為,但此學生跑步很快,教師卻不讓其參加校慶大隊接力或徑賽接力,教師應善用學生的專才與喜愛事物作為增強物,來增強學生正向行為的表現,如「你想參加校慶大隊接力比賽,課堂上就不能再捉弄同學」。發掘學生長才、欣賞學生優點、讓學生的優勢智能有展現機會,才能提高學生的自尊心,建立健康的自我概念,當學生感受到「老師也很重視我」、「老師認為我還有專長」、「老師並沒有放棄我」時,學生便會對之前不當行為加以收斂,而改以老師期待的正向行為表現,此種效應即教育心理學的「自我應驗效應」,如果教師不給學生機會,班級中那些自認學業成績不好或壞學生者(如常被老師罵、責備或處罰的學生)便會自暴自棄,心生怨恨討厭班上同學,進而對某些特定同學採取敵意性攻擊行為作為發洩或報復。

學生參加活動後的教師反應與學生日後的學習活動及自尊會有密切關聯,如學生參加競賽活動沒有得名,負向的教師回應如:「比賽前都沒有利用課餘時間好好練習,難怪表現那麼差」,此種教師回饋型態會嚴重傷害學生的自尊與信心;正向的教師回應:「沒有得獎沒關係,老師覺得你的表現也很好」、「老師覺得你比賽中的表現比平時練習的都還好,謝謝你代表班上參與這個競賽」,此種教師回饋型態能激勵學生進一步學習的

動機，最重要的是不會傷害學生的自尊，打擊學生的信心，對此，教師應有以下體認：

「任何傷害學生自尊的教師言語都是不明智的。」

「任何傷害學生自尊的教師舉動都是不明智的。」

「傷害學生自尊與信心是會讓學生自暴自棄的。」

「學生參加活動競賽得獎並非是真正教育目的。」

「教師對學生的回饋態度決定學生未來的行為。」

四、能快速處理紀律問題

　　教室組織中，若是學生發生不當行為或違規犯錯行為，教師應採取相對應的策略，有效而快速的加以處理，以消弭學生不當行為，或減少紀律問題的發生。當學生出現偏差行為，如打架、說謊、嘲笑、威脅、傷害同學等，多數教師最常見的處理策略就是發現學生犯錯後立即給予處罰，合理處罰或訓誡在班級常規管理或紀律維持上並沒有什麼不對，但立即給予處罰或訓斥並不是處理學生偏差行為或干擾學習活動的唯一方法，如果學生出現的敵意性攻擊行為，立即給予處罰或訓斥方法的運用更要小心，因為懲罰的過度使用，可能造成師生間的緊張關係，在敵對或負面的師生關係中，學生的偏差行為是很難朝正面方向改變的，而學生對學習活動投入的興趣可能更低，愈會覺得學習或課堂活動是無聊的，如果學生價值觀沒有調整，認知沒有改變，教師再多的懲罰與責罵也只是一種表面的壓抑行為而已，當學生無法再自我控制時，便會衍生擴大為師生衝突事件。

　　無聊、沒有興趣、學習成就低落、學習有挫折感等是學生厭惡學習活動的主因，當學生厭惡學習活動便會出現干擾學習活動

的不當行為,這些同學常被教師責怪為不專心、不認真、懶散、不合群的學生,如果教師再採取高控制或權威取向的方法來對待這些學生,更會促使他們對學習的厭倦;若是教師再不斷使用懲罰及訓斥等負向行為,可能使他們的自尊感更低,當學生完全討厭學習活動,對班級活動一點興趣都沒有時,他們對學習活動或課業會完全放棄,轉移目標、追求刺激,改以傷害或欺凌他人事件來滿足「我也是一位強者」的虛榮心。因而教師在應用懲罰或口語責備時要特別注意,如果有更好的方法可以減少或防止學生不當行為的發生,教師就不應優先使用懲罰或口語責備的方法。

五、能確實做好時間管理

　　班級一天的學習活動,從早自修、上課、下課、中午午餐時間、午休時間、課餘時間、放學時間等,教師均要能有效安排,以免浪費寶貴的時間,友善班級的學生,學生內容是充實的,此部分就需靠教師的時間管理。常有許多教師抱怨,班級要處理的事務很多,根本沒有多餘時間進行學生不當行為的輔導管教,因而是心有餘而力不足,的確,班級屬性的特徵之一是「人多事雜」,此外,加上學生的異質性大,教師要處理的班級事務繁雜,如果班級學生有一、二位特殊學生,則增加教師管教的困難。

　　正因為班級的屬性特徵是人多事雜,若是教師不能有效做好時間管理,有效掌握利用時間,則教師總覺得時間不夠,時間管理是種藝術策略,教師從作業批改、教學進度完成、學生紀律維持、衝突爭執處理、班級活動介入等,都需要運用教師巧思,如教師可運用中午學生用餐時間,挑選某些特定學生,與之共同用

餐，如此，可與學生進行面對面對話，也可以在溫馨的氣氛中增進師生關係；再如每天早到十幾分鐘，批改學生作業或檢視相關活動；發現學生問題立即處理，不要拖泥帶水，則事件的處理才會有效率。職場上常說：「機會是留給準備好的人」，教育現場上則是：「效能展現是留給善用時間的教師。」

六、能展現教育專業知能

　　教師教育專業知能的展現，在於能運用合理的獎懲與賞罰來處理學生常規問題，其中重要的一點，就是不論教師採用何種懲罰方式，絕對避免對學生施予「體罰」，友善班級也就是一個沒有體罰存在的學習天地。沒有體罰並不是說教師不能處罰違規者，如果教師處罰運用得宜，也可以改善學生的不當行為，教師處罰的運用時機絕對不能跟學生成績有關聯，即教師不能因學生考試不好而處罰學生，如嚴厲責備、訓誡、或罰寫功課等，處罰只能運用在以下情境：學生行為違反紀律規則時、學生不當行為干擾學習活動正常進行時、學生出現偏差行為或攻擊行為、讓學校規範能正常運作等。

　　因學生偏差行為而對學生處以罰（抄）寫功課是很不適切的責罰方法，因為罰（抄）寫功課會使學生對學習更為討厭或沒有興趣，該科學習時更會出現干擾學習活動行為或偏差行為。如果教師運用處罰與各式增強鼓勵方法還是無法矯正學生不當行為，教師應立即請輔導教師介入處置，此外，對於學生出現偏差行為時，教師要立即通知學生家長，讓家長知悉小孩在課堂或班級學習活動的行為表現情形，請家長約束督促、協助管教，親師合作共同導正學生不當行為是非常重要的，教師不要一個人孤軍奮

鬥，很多學生偏差行為如果當事者父母沒有協助配合，其成效往往是事倍功半的。

教師專業知能展現的具體方面為教師對學生的鼓舞激勵，教師應多鼓勵學生、少責罰怒斥學生，不管是物質、精神、社會性的鼓勵，都是激發學生不斷向上學習及成長的動力。「激勵永遠不嫌多、鼓舞不會被人煩」，鼓勵與讚美是不同的，讚美或稱讚是用於學生行為結果有正向表現時，當學生學業退步、學習表現不佳，或行為表現未達教師期望時，教師就不能採用稱讚或讚美語詞。學生學習表現不佳，教師不能用「你表現很好喔」；學生違反常規或干擾學習活動，教師不能用「你的行為表現很不錯！」。相對地，鼓舞或激勵較適用於學生行為有正向結果或學習表現有進步時，即使學生學習退步，或遇到困境時，鼓舞或激勵也可以使用，如學生參加校內語文競賽沒有得到前三名，學生很難過，教師的鼓勵語為：「其實你這次也表現很好，老師還是十分肯定你的能力，再接再厲，台風再加強些，下次定會有更好的名次。」如果學生競賽得到前三名，教師的稱讚話語：「美倫，妳這次表現很棒，繼續加油，下次會有更佳的名次。」當學生功課進步，教師可採用鼓勵語為：「美倫，老師看得出來，妳這次很努力，投入很多時間，妳看：『有付出，才有收穫』，繼續努力。」

教師支持學生的具體回應，可引發學生持續學習的行為，課堂班級中最常見的教師支持反應為教師肢體語言的運用，「教師的支持要讓學生感受到、教師的關懷要讓學生體會到、教師的鼓勵要讓學生察覺到。」教師鼓勵的用語要適切，設定的目標是學生可能達到的，如此，學生在教師支持鼓勵下才有可能挑戰新的任務，如果教師為學生設定的目標明顯超出學生能力所及，則學

生會覺得教師的支持只是表面安慰的話語而已，對於學生新任務的完成並沒有實質幫助。如學生參加100公尺競賽，參加選手中有三個同學的實力遠高於這位學生，學生自己知道個人這次比賽最佳名次可能是第四名或第五名，教師為學生設定的最佳目標名次最好是第四名。比賽結果，學生只獲得第六名，教師支持的用語為：「君達，其實你的能力與第4名、第5名很接近，只是決賽時你的起跑較慢，不用難過，老師還是肯定你的表現的，明年運動會再把它贏回來。」當學生不當行為減少，行為有所改變時，更需要教師的肯定與鼓勵，因為教師的肯定與與鼓勵是增強學生表現正向行為的強心劑，學生正向學生增多，相對的不當行為自然減少，對於學生偏差行為的導正是有實質幫助的。對此，教師應有以下體認：

「教師的專業展現必須符合倫理守則。」
「教師是使學生行為改變的重要他人。」
「教師專業展現要讓學生感受察覺到。」
「教師的支持是學生願意改變的動力。」
「教師設定的門檻是學生可以達到的。」
「教師期許的標準是學生可以完成的。」

七、能有效運用人力資源

　　友善班級環境不僅使學生喜愛置身其中，連學生家長也十分熱衷協助班級的學習活動，如協助放學導護工作安全的維護、學生早自修才藝的指導與紀律維持、校外戶外教學學生的照顧、班級的情境布置、支援班級彈性課程的教學活動等。班級學生人力資源的運用從班級幹部的遴選、班級各種學習活動的規劃或情境

布置、各項班級比賽活動人員的挑選等，教師要適才適所，同時考量到學生興趣與專長，如果教師能瞭解到每位學生長才與喜愛活動，將其安排在最適當位置，則學生才能展現所長，發掘學習的興趣。

在學生活動的參與或班級間的競賽，教師要強調的是學生對活動過程的參與程度與投入度，而不是最後的結果或名次；此外，教師應儘量讓班上每位同學都能參與不同的學習活動，如運動會班級間競賽活動同時有大隊接力與趣味競賽，沒有參加大隊接力的同學應優先挑選參加趣味競賽，即使學生因生理因素行動不敏捷，教師也應讓其有參加的機會，給學生一次機會，就能提升學生自尊感與自信心；給學生參與班級活動機會，學生才懂得群體合作的重要，才能學會尊重他人，教師應該謹記：「班級活動是給學生學習的地方，不是爭取名次的處所。」

此外，教師若是因為時間無法允許及輔導專業有限，可將班上適應困難，或有嚴重偏差行為的學生轉介至輔導室，輔導室有認輔制度或更嚴謹的轉介輔導機制，學校許多具輔導專業的老師可優先認輔這些班級教師無法即時輔導的個案，其中具有暴力傾向、攻擊傾向或涉入不良組織的學生應列入優先關懷認輔對象，學校所有教職員工，都是班級教師可有效運用的人力資源，若是學校的認輔機制推動很好，轉介機制落實，則對於學生行為的輔導、矯正會有明顯的成效。

八、能適時應用增強原理

在學生行為輔導改正上，教師常會使用增強（reinforcement）策略，增強策略如能有效而適時運用，對於學生不當行

為或干擾學習活動的行為有很大的功效。所謂增強是指使用適宜
增強物而使學生行為反應頻率改變的一種活動安排，學生行為
反應頻率強度改變有二種情形，一為行為反應頻率變多，一為
行為反應頻率變少，前者多數在強化正向行為的繼續展現，後
者多數在減低負向或不當行為的出現。當學生行為反應頻率或
活動因增強物的出現而強化，此增強稱為正增強（positive rein-
forcement），相對於正增強者稱為負增強（negative reinforce-
ment），負增強也可強化正向行為或活動出現的頻率，但負增強
較易有副作用效應產生，如課堂上學生回答很小聲，課堂老師大
聲說「正雄，請你大聲點！我們都聽不到你在講什麼？」此時，
正雄因為老師聲音的強化而提高嗓門。

　　班級或課堂中常見的增強物有四大類型：具體性增強物、社
會性增強物、代幣性增強物、活動性增強物，四種類型增強物舉
例如下：

1 具體性增強物

(1) 第二次定期考查時，數學、國文、英文三科都進步10分以
上同學，老師會送一份精美的禮物。
(2) 下週整潔比賽得到年級前三名，請全班同學喝珍珠奶茶。
(3) 期末擔任學科小老師認真者，經任課老師推薦，送給小老
師一個刻有同學姓名的印章。

2 社會性增強物

(1) 同學公共區域打掃認真，老師於課堂上公開口頭稱讚。
(2) 英文教師於第二次定期成績考查後，在三年三班教室公開
讚美全班多數同學這次英文考試都考得很好，跟第一次定
期成績相比，進步很多，繼續同學更加努力，表現更好。

(3) 級任導師在運動會完的星期一早自修非常高興，告訴全班
同學說：「今年運動會同學表現的運動與團隊精神，令老
師十分感動，可見我們班是非常有鬥志與毅力的班級，別
班老師碰到老師都說：『王老師，您們班好乖喔！會跑，
規矩又好，不僅榮獲田徑總錦標第一名，也得到生活教育
競選第一名』，希望同學這種合群奮鬥的精神能持續下
去。」

3 活動性增強物

(1) 明天早上教學觀摩日，如果同學表現很好，課堂能踴躍發
言，與實習教師互動良好，不隨意開玩笑，下午體育課時
間同學可以自行挑選玩自己喜愛的球類活動。

(2) 如果最後一次定期考查，國文、英文或數學三科中有二科
平均成績在全年級前三名，放假第一週，老師帶全班同學
去烤肉，烤肉費用全部由老師負責。

(3) 練習卷寫完並全部訂正完的同學，早自修可以自由到操場
活動，或到電腦教室打電腦。

4 代幣性增強物

(1) 課堂行為表現優異者，每次可以加一至三個○，加滿十個
○可以向老師兌換一支自動鉛筆。

(2) 行為表現良好或參加社團用心者，可以得到一張至五張小
白鴿，集滿十張小白鴿可至輔導室兌換一張大白鴿，集滿
十張大白鴿可和喜愛的師長合照，並由輔導室利用朝會頒
發一張表現優良榮譽獎狀。

(3) 學生能達到教師所設定的或所期望的目標行為，就可在有
十個空格的集點卡上蓋章，蓋滿集點卡的所有空格，可以

參加抽抽樂活動。

　　增強物只是一種媒介，增強物使用本身並不是一種教育目的，真正的目的是激發學生的學習動機，改善學生的不當行為，強化學生正向行為。由於學生間的人格特質不同、認知喜愛不同，因而並非同一類型增強物適用於所有學生身上都有效，此部分教師要因應學生的個別差異與事件屬性彈性運用，這就是班級經營的權變，也是教師藝術化策略的使用。對於增強原理的使用，教師必須謹記：

　　「答應給學生的獎勵或增強物必須確實履行。」

　　「社會性增強的讚賞與表揚是適用所有學生。」

　　「無法做到事件或給予的增強不要許下承諾。」

　　「與讚許相較之下，鼓勵肯定更能改善行為。」

九、能持續加強輔導知能

　　在學生不當行為的三級輔導機制中，第一線教師扮演的是初級預防與處置，平時學校應多舉辦輔導知能研習，研習內容應兼顧理論與實務，結合個案研討；此外，同年級的教師也可利用學年會議時間分享班級個案輔導管教的案例，相互討論。在知識經濟時代中，教師不應再從摸索開始，因為用對了方法、用對了最佳策略，對於矯正學生的偏差行為才會有實質的效益，此部分技巧，教師可從有經驗教師之個案輔導的成功案例中習得，也可從參加相關輔導知能研習中獲知，此外，教師也應從已發生的不當管教或不當輔導的案例中習得參考經驗，不要採用不法、不合情理或不對的管教方法，否則不僅沒有處理好學生間問題，反而製造衍生更大的親師生衝突事件，如教師聽到有同學告知文樹

同學「毆打」克昌同學，未察明原因，即將文樹叫來大聲斥罵、罰站，甚至體罰鞭打（體罰學生是違法的），其實文樹會出打毆打克昌，是因為克昌先出手毆打文樹、並以言語辱罵他：「笨死豬」，文樹才出自本能的反擊，告發同學只看到二人衝突事件中片段過程（文樹毆打克昌的事實）。上述教師顯現的是管教方式不對、輔導知能不足，表面上是處罰了毆打者文樹，其實是沒有真正處置好問題，潛在可能衍生的更大問題是親師間的衝突事件。

案 例

　　林義芳是六年三班的導師，雖然沒有體罰過學生，但對班上違反常規紀律學生的管教方法或處罰方式常引發不少爭議。有次，中午用完餐後的打掃時間，班上男同學財明眼睛泛著淚珠的走進教室跟林老師講：「陳孟和、楊智祥、方傑元三個人剛剛在廁所強脫下我的褲子，說要看我的內褲是什麼顏色。」林老師聽完後非常生氣，立即請班長把三位同學叫到教室後面罰站，並嚴厲斥責他們行為的不是，掃地時間不用心打掃，還故意捉弄同學。等到打掃時間結束，所有外掃區同學都回到教室，林老師便把三人叫到教室前面，請陳孟和說他們三個人剛才掃地時間做了什麼事情，陳孟和低著頭不好意思說：「我和楊智祥抓著陳財明的雙手，由方傑元把陳財明的褲子脫下來，看陳財明的內褲是什麼顏色，因為我們三個人在打賭，猜錯的人要請喝飲料。」陳孟和講完後，林老師怒不可遏，責罵的聲音更大聲，叫三個人面對黑板，雙手扶著黑板，沒有經老師允許不准放下。之後林老師跟全班同學講：「他們三個人喜歡脫同學褲子，我們也請同

學脫他們三個人的褲子，「陳財明上來把他們三個人的褲子脫下來」，陳財明聽到老師指定他到前面把陳孟和、楊智祥、方傑元三個人的褲子脫下來，一直搖頭沒有站起來，林老師看到陳財明沒有站起來，改問全班同學：「有沒有人自願到前面」，全班鴉雀無聲並沒有人站起來，此時，林老師突然轉過身把三個人的外褲脫下來，頓時全班一臉錯愕，而女生則把頭低下來，幾分鐘後，林老師叫陳孟和、楊智祥、方傑元三人把外褲穿好回座位，一件嚴重親師衝突，家長告教師不當管教的事件於是展開。

　　案例中，林老師採用的是以暴制暴的負向管教方法，雖然出發點可能是要讓當事者體會被人脫褲子的不舒服感受，但林教師的方法是錯誤的、是不對的、是違反教師管教倫理守則的。教師怎能當著全班學生的面，將犯錯者對受害人採用的不合法或偏差行為實際加諸於犯錯者身上，同理心的培養教育歷程並不是如此，在許多不當管教實例或體罰實例中，當事者（教師）均會語重心長的道出：「我的出發點是為學生好」，或學校行政人員的回應：「這位老師的出發點是為學生好」，「為學生好」就不應傷害學生，「為學生好」就不應使更多學生受到傷害，林老師的出發點也是為矯正學生的偏差行為，但林老師採用的矯正方法是錯誤的、是不適宜的、是錯誤的，此乃教師輔導知能不足所致。為充實教師的專業知能，教師應不斷自我進修研習，吸取資深優良教師的經驗，習得正向管教策略，遵守管教守則與教學倫理，如此，才能避免出現像林老師之不當管教的案例事件。

十、能規劃目標結構活動

目標結構（goal structure）是影響教室氛圍與學生動機的重要因素，學生經由與人互動，可對學習本身產生自我價值信念，進而影響學習意願，三種不同的教室環境的目標結構如下：1.合作型態的目標結構：學生藉由共同合作才能達成學習目標，學生的理念是：「自己要達成目標，必須同學也要達成目標」、「自己的工作完成，同組成員的工作也要完成」；2.競爭型態的目標結構：學生達成目標的唯一方法是同學們彼此相互競爭，學生相信：「自己達成的目標必須是其他同學無法達成」；3.個別型態的目標結構：學生學習活動的達成與班上其他同學沒有必然關係，學生的理念是：「我做我個人的事，達到我設定的目標，同學有沒有達到目標，都跟我沒有關係或不會影響我」、「其他人事情有沒有完成跟我都沒有關係，只要我個人完成就好」。競爭雖然是種刺激且是激勵動機的因素，但受激勵的學生通常是只有少數「贏」的同學，當學生發現自己總是輸的一方，競爭不僅無法成為動機來源，反而變為一種阻隔因素，當競爭者認為參與活動競賽時，有可能「贏」，或所有競爭者能力差異不大時，競爭才會成為一種有效動機來源。班級教室情境中，學生從事愈多的合作學習，教室的氛圍就會愈佳，學生的同儕關係也會愈好，合作學習的班級結構，可以促發學生的學習動機，增加學生個人對他人的包容與尊重、提高學生的自信心，更可提升中低成就學生的內在學習動機（溫明麗等譯，2005）。

班級經營的目標之一是建構一個合作的學習環境，班級的社會組織應是一種合作情境而非競爭，在合作的學習情境中，學生才能學會如何尊重他人、如何與人溝通、如何發揮所長。從完形

心理學（Gestalt）的論點來看，當學生能群體合作學習時，其成效比個體投入所付出的多，因為整體並不等於個別部分的總和，整體的效果大於個別部分的加總；此外，合作型態的目標結構能讓多數同學感受成功或目標達成。班級教學或學習活動安排，教師可多採用分組或小組學習方式，分組時要採用異質分組，讓所有學生都有可能被分在同一組的機會，否則若是完全由學生自行分組或找尋組員，班上可能會明確被劃分為數個壁壘分明的群組，進而形成班上的小團體，藉由分組活動，教師可以觀察班上多數同學最不喜歡和哪幾位同學分在同一組，進而瞭解其原因採取適當的輔導策略，教師可以從同理心的感受與多元智能的觀點來教育輔導同學，如請同學在紙上寫下：「如果班上同學都不喜歡跟我同一組，我會作何感想？」、「如果同學認為跟我分在同一組是一件倒楣的事，我知道後會有何反應？」當同學能將心比心，才能培養同理心，願意接納、容忍班上每位同學，此種同理心的培養也是一種生命教育與品德教育課程之一。

　　友善班級與教師的班級策略或管教方法有密切關聯，教師的職責就是「把每一位學生都帶上來，不要放棄任何一位學生」，要把每位學生都帶上來，教師要用對方法、要有熱忱、要有教育愛。放棄任何一位學生，就是製造一個社會問題，學生的可塑性很高，教育輔導的力量也很大，只要教師能以正向管教的策略經營班級，以倫理守則實踐於班級經營中，則學生的偏差行為會大幅減少，相對的校園霸凌事件也會大大減少。我們相信：

　　「學生行為朝正向改變是可以做到的。」

　　「友善校園的願景是校校可以達成的。」

　　「友善班級的目標是班班可以做到的。」

第９章

家長應該如何做？

「沒有家長的關懷與愛心，小孩的行為不會變好；沒有家長的協助管教，小孩的行為無法導正；沒有家長的介入處置，霸凌問題無法有效解決。」教育輔導與管教小孩的義務並非全是教師的職責，小孩的成長學習與品格養成，需要家長與教師的緊密合作，小孩涉入霸凌事件的處理，更需要家長與教師共同的介入處理。

第一節　瞭解家庭教育的重要性

　　家庭對霸凌的影響極深、極遠，尤其是青少年階段正值人格發展的養成時期，在家庭教育失能的影響下，霸凌行為更易加速延燒。現今的社會問題常是萌芽於兒童階段，病因根源於家庭，病象顯現於學校，病情惡化於社會。所以，家庭教育對終止霸凌行為有其重要的功能，茲將不良的家庭功能運作所造成的影響分述如下：

壹、不安全依附關係對霸凌行為的影響

　　不容置疑，家庭是子女在社會化過程中最早接觸的環境，家庭教育對其人格養成更是具有關鍵影響力，子女在早期與主要照顧者的情感連結，將發展持久穩定的人際親密關係傾向或人格特質，早期的人際依附關係將不斷被內化、個別化，並穩定、持續地影響生命各個階段，深重的影響著個體的情感知覺、認知功能，逐漸形成對世界的概念。幼時的缺乏照顧與被過度保護是影響親子關係的兩大主因，子女與父母的依附關係愈好，其與友伴的關係也會較好；若對父母的不滿愈多，對友伴的不滿與疏離感

也會較多。依附風格對行為動力產生的影響，經常於潛在中影響個體的行為表現，不安全依附者可能因為對自我、他人有負向認知謬誤，以及缺乏社交技巧，致使易出現攻擊行為與暴力行為，因此，霸凌者、受害者、霸凌兼受害者都具有不安全依附者（陳明珠，2010；Ireland & Power, 2004）。特別是，逃避依附風格者經常與霸凌者有關，因為此類型者常以自我中心對他人缺乏同理心，將自我孤立外，亦將憤怒表現於外；逃避依附風格、焦慮依附風格與霸凌兼受害者有關，逃避依附者對自我及他人意象皆為負向，焦慮依附者對自我意象是負向，對他人有正向的意像，希望透過他人的關注而找到生活動力，其內心常充滿衝突，過度在意他人的態度時，有時會委曲求全，但長期遭受霸凌之後，亦會成為霸凌兼受害者；排除依附風格則多與受害者有關，因為排除依附者常只相信自己，不願與他人有太多的互動，即便遇到霸凌行為仍不相信會受到幫助，因此採取隱忍，導致仍持續遭受霸凌。

　　缺乏愛與關懷的小孩多數無法正常發展，在學習與成長的階段中會變為不負責任、敏感的、沒有安全感的，家長給小孩的關懷必須是高品質的、給小孩的愛是合理的，高品質的關懷是指能讓小孩於生活成長過程可以感受到精神上的支持，這精神上的支持可以讓小孩享受快樂幸福，即使家庭經濟不是十分富裕，但小孩覺得家庭是溫暖的、和諧的、「回家的感覺很好」；合理的愛是尊重小孩，不縱容、不溺愛、不採用專權式的管教，當小孩做錯事情時，家長也會責罵，有好的表現時，家長也會讚美，遇到困難或問題時，家長會協助解決或作為諮詢談心對象，家長高品質的關懷與合理的愛才能建構安全性的依附關係，在安全性依附關係下成長的小孩會有正向情緒，對他人會展現關懷行為與助人

行為，不僅能有效處理衝突事件，更能避免出現霸凌他人行為。

家長的正向積極行為可以建構安全性依附網路脈絡關係，安全性依附網路脈絡關係可以培養小孩關懷他人、助人、同理心行為，與正向情緒的養成，進而減少小孩涉入霸凌事件。其前後脈絡關係如下圖所示：

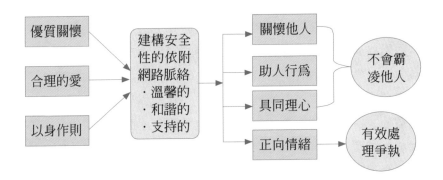

當小孩感覺「爸爸很好」、「媽媽很好」，小孩才會覺得家庭是溫暖的，「很好」並不表示給小孩的物質生活十分豐裕，也不表示家庭的經濟十分富裕，而是精神生活的支持與鼓勵，要小孩感受「很好」，身為家庭必須建構安全性的依附關係，家長的愛要讓小孩能感受、家長的關懷要讓小孩能體會、家長的辛苦要讓小孩能領悟。身為家長要有以下體認：

「小孩的成長學習只有一次，小孩的人格發展無法重新再來。」

「小孩的品德行為是學習來，沒有小孩天生行為是壞品格的。」

「工作生活固然是十分重要，但小孩的人格與品德更為重要。」

貳、父母管教方式不當的影響

　　父母的態度對霸凌與受害行為有極大的影響。當父母親採取固執權威的管教方式，其子女有較高的攻擊行為。通常個性較激進衝動的孩子往往較具有霸凌行為的傾向，而父母採取放任態度或缺乏關心，很少給予適當的管教及監督，在子女行為出現不當行為，亦不予指正或是默許，將導致行為變本加厲。小孩出現不當行為，家長知悉後必須加以導正，身為家長者絕不能護短或純粹認為是小孩間嬉鬧遊戲行為，霸凌問題絕對不同於同學間爭執吵架行為，即使是小孩與同學間的爭執吵架行為，家長也應介入處置，因為若是先出手傷害同學，或先以言語辱罵同學者為小孩，就是小孩本身的不對，家長必須加以告誡。

　　許多家長對於小孩的學習持有以下迷思：「小孩再長大些會比較懂事，傷害他人的行為或不當的行為舉止自然會減少，老師及受害家長不用大驚小怪。」這是一種似是而非的想法，也是一種家長不負責任的態度。小孩不對的行為及錯誤的價值觀一定要經過教育導正歷程，縱容管教型態下，期望小孩不對行為能自動改善的機率很低；期盼小孩錯誤觀念能夠改正的機率更低，當小孩出現傷人行為或人格發展偏離常軌，家長一定要與班級導師密切配合，協助介入處置，由於小孩正處於學習發展階段，人格可塑性很大、行為改變可能性很高，如果家長能積極負起管教之責，用對方法、用對策略，則多數小孩的不當行為可以解決，錯誤的價值觀可以導正，其重要的一個核心關鍵議題是：「家長是否肯花時間於小孩身上，家長是否有用對方法。」

　　相對於上述的管教型態，則是家長採取專權式的管教，雖然介入管教小孩，但方式不對、方法錯誤，只要小孩出現不對行為

或被教師投訴在校出現偏差行為，家長就是拳腳相向，以怒吼責備及體罰處置小孩，如此，不僅無助於小孩不當行為的改善，反而更加破壞小孩與教師、同學間的情感，也傷害小孩對家長的尊重及親子關係，家長常以怒吼責罵及體罰方法對待小孩，會傷及小孩的自尊，嚴重降低小孩對學習的興趣與意願，此類型的小孩可能逃避學習，變為中輟生，或涉入霸凌事件，將對父母的怒氣轉移告發同學或看起來很機車的同學身上，而成為霸凌事件的加害者或協助加害人，長期受到父母責備及體罰的小孩，之後，涉入校園霸凌事件的機率很高。

受害者在家中是與家人互動不佳或被過度保護，而未學習如何自我保護及有效行為方式。家長對於處理霸凌行為的態度是影響受害經驗的重要因素，一般家長大多認為霸凌行為是小事，只是同儕間的兒戲而已，當父母知悉孩子在學校發生遭受同學欺負時，總是將霸凌事件視為是對孩子的磨鍊與挑戰，卻勉強子女要息事寧人、忍辱負重或寬恕加害者。因此在處理的方式則是依嚴重程度與家長個人處事風格，而採取不同的介入方式，初步是先瞭解情況，並且會約束自己的孩子，如果事態嚴重，會告知老師，希望由老師出面處理，如果仍然無法遏止時，才出面處理等等。息事寧人、避免事件擴大只會讓小孩在霸凌事件中的傷害更大，家長絕不能因一時大意，而讓小孩受到更嚴重的危害。對此，家長應有以下體認：

「小孩出現不對的行為，要加以管教不要縱容。」
「小孩出現偏差的行為，要加以介入不要輕忽。」
「小孩出現暴力的行為，要加以處置不要誤判。」
「小孩出現錯誤的想法，要加以導正不要不管。」
「小孩出現偏頗的觀念，要加以開導不要忽視。」

參、不佳行為模範的影響

　　從社會學習論的觀點，人類大多數的行為都是由觀察與模仿學習而來，因此要去除不良行為，亦可透過學習方式去除。霸凌者並非是與生俱來的，雖然本性、生理因素或許有點關聯，但父母的教養方式才是問題根本，因為父母是子女的角色楷模，當父母採取不當的因應問題方式，子女會進而學習仿效，所以，當子女出現一些負向行為時，通常可在家庭生活中發現情緒失控以及暴力傾向的線索，如果家人提供了攻擊行為的模範，都有可能助長霸凌行為的產生，反而，認為此強凌弱的行徑是被稱許及接受的。因此，要修正孩子的負向行為，父母要能覺察自身行為對子女的影響力，如能以身作則地以使用建設性的行為來因應問題，可以讓子女學習到適當的人際互動方式，當發現子女有行為上的問題，父母能適當的導正，應可終止其霸凌行為。對此，家長應有以下體認：

　　「家長常以言語辱罵家人，小孩也會以言語辱罵同學。」
　　「家長常以行為攻擊家人，小孩也會以行為攻擊同學。」
　　「家長對家人有暴力傷害，小孩也會對同學暴力傷害。」

　　家長在家中的言行及與家人的溝通方式都是小孩學習仿效的對象，如小孩的父親動不動就對母親怒吼，遇到不如意的事就對家人拳打腳踢（已構成家暴行為），長期看到父親此種負向舉止的小孩，在班級與同儕互動中也較易與他人發生爭執，無法有效控制自己的情緒，更容易出現傷害同學的暴力行為，因為在小孩成長過程中，看到父親就是以這種行為模式對待家人，小孩將會仿效學習，內化為自己的行為之一，成為自己的品格習性，因而脾氣暴戾、容易憤怒，遇到不滿事件或看不慣的同學，便會

以負向行為對待他們，不是言語辱罵，就是肢體傷害；不是恐嚇威脅，就是攻擊他們。家長在家中的負向行為，對待家人採用不合理，甚至不合法的舉止行為，不僅嚴重影響小孩人格的正常發展，更容易使小孩涉入校園霸凌事件，許多此家庭的小孩在班級中就是令教師「頭痛」的人物，如果班級教師愛心不夠，管教方法不對，則小孩更易出現嚴重的偏差行為。

肆、高風險家庭及不完整家庭對學生行為影響

父母婚姻不和諧、不當管教方式、親子互動不佳及手足關係不良等，都是孩子霸凌行為產生的溫床。在高度衝突的家庭中成長的孩子容易表現反社會行為、不成熟，而且自尊低落。父母親經常在孩子面前發生衝突爭吵和攻擊行為，兒童也會因模仿學習以敵對態度或暴力行為來解決問題，家庭氣氛會影響兒童的人格特質和身心發展，若父母情感不和諧，家庭將充滿緊張與壓力，兒童內心易焦慮不安，恐表現出攻擊、退縮等不良行為，這些負面的行為表現與情緒將直接反應在學校生活。

家庭結構與家庭教育方式也會影響子女的人格，生長在完整家庭比不完整家庭的子女傾向具有較多的安全感，則其發展出的人際關係較佳。生長在低社會經濟地位、父母離異分居、嚴厲教養方式、家暴、虐待家庭的孩童，可能是霸凌者或受害者的高風險群。除了父母之外，年長的手足亦扮演模範者、及代理父母與照顧者的角色，彼此間可以提供情感支持，若手足間無法發展出親密的聯繫時，受害者亦因手足的忽略或嘲諷，而讓情況更加惡化，將喪失情緒支持的力量；反之，兄姐在校園中人際脈絡勢力過大，將更增添霸凌者的囂張氣焰。對此，家長應有以下體認：

「父母間的和諧關係，有助於小孩正向人格與行為的養

成。」

　　「家庭結構的完整性，有助於小孩品德及學習表現的養助。」

　　「家長間的緊張狀態，會易使小孩焦慮不安出現退縮行為。」

　　「家庭支持網路不佳，會易使小孩出現傷害欺凌他人行為。」

伍、家長可以做的事

　　因為霸凌行為具有隱匿性，不容易被發現，然而，家長是最能夠立即性發現霸凌事件的人，家長在預防與處理霸凌行為時可採取的方式，分述如下：

一、家長需多關注小孩行為變化

　　華人壓力表現多以身體化方式呈現，家長應該關注小孩的言行舉止，可以藉由晚餐時間或晚上睡前片刻，多與小孩聊一些有關學校發生的事，瞭解孩子的想法，是否會過度擔心與害怕最壞的事發生，並注意小孩身體上是否有明顯傷痕，或者是身心變化，如飲食、睡眠上的改變、消化不良、肚子不舒服、不安穩、頭昏眼花、神情緊張、無法放鬆，也常出現疲倦或疲累、精神難以專注、失去精力，導致學習表現低落。當小孩做決定時常會優柔寡斷或猶豫不決等行為的改變，這些細微的現象是一個重要的線索。特別值得注意的是，子女在金錢使用上的變化，是否有因霸凌他人而獲益或遭受霸凌者的勒索，而常常需要零用錢；至於，平時不要讓子女帶太名貴的物品至學校，以免被鎖定成為霸

凌的對象。尤其,當子女早上不想上學,家長要瞭解不想上學的真實原因,如果是遭受霸凌,要鼓勵孩子勇敢地說出來,坦然面對困境,並與學校老師保持良好的聯繫,以適當處理霸凌問題。身為家長必須:「工作忙碌之餘,也要撥空傾聽小孩的心聲」、「用心觀察、細心體會小孩每天的行為變化」、「學習態度的起伏波度過大,表示小孩學習遇到困難,家長必須加以協助。」

小孩行為的突然改變,定有其原因,正如家長行為或情緒的突然改變類似,就家長而言,可能受到上司責罵、工作不順暢、家人健康出現問題、失業等。受到肢體霸凌的小孩可能視上學為一種可怕的情況,因而會出現不想上學或想轉學的想法;受到言語霸凌或關係霸凌的小孩,可能情緒變為低落,回到家中鬱悶、心情沮喪,對學習失去興趣等。但部分受到他人霸凌的小孩,回到家中多數外顯行為與之前沒有差異,單從外顯行為無法簡易判別小孩是否涉入霸凌事件,此種小孩有一種認命及逆來順受的消極心態,心想:「反正我就是倒楣的人」、「要打、要笑隨便他們,只要我不理會他們就好」,此種被人長期欺凌而忍氣吞聲的小孩,是十分無辜及可憐的,要發覺此類型受害的小孩,就更需要家長用心的觀察、細心的體察,若是親子關係良好,小孩與家長間無話不談,則小孩被他人欺凌的事實自然會告知家長,每天,家長停下腳步,撥出少許時間傾聽小孩的心聲,或與小孩進行親子談心,都是發現小孩困境或學習問題之具體可行的方法。

二、從生活教育著手,重視品德教育的形塑

家長對於子女的品德教育要從日常生活中養成,尤其是日常生活常規的培養,家長要循循善誘、不厭其煩地強調其重要

性：「一個人有好的品德，才能受到別人的尊敬」、「一位人有優良行為，才會受到他人讚揚」，小孩品德人格的培養，要從細微處及與同儕互動中著手，讓子女知道開玩笑不等同於幽默、捉弄他人不等同友好關係行為、以不雅綽號稱呼同學不是有趣的事情等，玩笑與捉弄的結果，有時會對當事人造成無法彌補的傷害。家長必須教導小孩基本的生活禮儀、人際關係維持的技巧、應對進退的合宜行為，以及使用正確合法的方式來滿足個人的需求等，並充分瞭解行為與後果的關聯性。當子女有良好的生活習性，具備合群尊重他人的態度，將外塑行為內化為生活習慣，才能有助於正向行為的養成，日後與他人互動中產生摩擦與衝撞的機會才能大大減少，同時也會降低遭受他人霸凌或者是成為霸凌者的比率。此外，肯定與增強小孩良好的品德，更可提升子女道德與守法的意志。

　　人格品德的養成並非是短時間內可以達成，因為教育輔導結果不是當下或當天可以看到成效的，因而家長需與教師一樣，具備愛與耐心，如果家長有耐心的加以指導，以身作則為小孩榜樣，則管教成效才有事半功倍之效。對此，家長應有以下體認：

　　　「小孩的學業表現固然重要，但人格品德行為更為重要。」
　　　「小孩的分數固然重要，但具有正向價值觀更為重要。」
　　　「小孩的名次固然重要，但具有利社會行為更為重要。」

三、應主動參與學校活動，與導師建立教育夥伴關係

　　家長在孩子成長過程中，應多陪伴孩子成長，主動參與學校辦理的親職教育活動及親職教育講座，以增進親職教養的知能，學習有效與孩子溝通互動的技巧；經常性與導師聯繫，除瞭解孩

子的需求及在校情形,並幫助孩子適當的情緒管理,以及協助老師處理霸凌事件,共同協助解決問題。當子女遭受霸凌,家長應主動與校方聯繫,以理性態度配合學校霸凌事件處理小組的處理方式,切勿私自處罰霸凌者。如果子女是霸凌事件加害者,則須陪同協助子女勇敢面對校規與法律責任,讓子女學習為自我行為負責。家長不是青少年,不能全部承擔小孩所犯的過錯,家長不是主要加害者,不能為霸凌事件負起全部的責任(雖然家長可能有連帶責任,但主要加害者的責任更多)。在學習與成長過程中,我們常會教育小孩:「人不要怕跌倒,怕的是一跌不起」,身為家長者也應有以下體認:「不怕小孩做錯事情,就怕小孩做錯事情而不知悔改」、「不怕小孩犯錯,就怕小孩一錯再錯」、「家長與教師建立合作夥伴關係,才能有效矯正小孩的偏差行為、培養小孩的正向行為。」

四、教導孩子增進人際關係的策略

　　家長可增進子女的人際互動技巧與應對進退之道,藉由偶發事件的探討,隨時提供孩子機會教育,鼓勵孩子從事正向利他行為,培養子女的同理心,瞭解人我之間的分際,以及惡作劇行為的嚴重後果;或利用親子共讀時間,透過主題式討論、繪本或故事案例分享,提供孩子正向人際楷模的學習機會。如果家長能教育小孩展現助人行為、關懷他人行為、友愛同學及謙虛行為,則對於小孩人際關係的培養定有實質的幫助,能處處為同學著想、並喜愛與同學在一起玩耍者,則同學才會喜歡跟小孩在一起。如果小孩的成績不錯,或是某個活動表現突出,則更應教育小孩儘量幫助同學,指導同學,為同學解決困惑,愈是謙虛者,愈是能

助人者，愈是能關懷他人者，愈能受到同學的肯定與喜愛，這就是「愛人者人恆愛之；助人者人恆助之」、「勿以善小而不為、勿以惡小而為之」的道理；反之，當接受同儕協助時，子女亦能夠適時表達謝意與反饋，增進彼此間更緊密的互動。

五、建立情感關懷與家庭支持脈絡

　　父母親在教養孩子上，提供良性的情感關懷、支持，適時提供合理的管教方式，以瞭解、同理的方式與子女溝通，增進子女的安全感，並隨時注意孩子的生活作息及情緒反應變化，將能降低霸凌的風險。家庭情感的支持可以溫暖小孩的心，溫馨和諧的家庭氛圍可以增進親子間的關係，使小孩的人格發展更為良好。有一顆感恩的心、有一雙愛的雙手，則小孩出現霸凌他人的行為會大大減少，感受家長的愛與溫良情感的小孩，也才會對他人展現愛的行為，愛的行為是一種利社會行為，是一種關心、一種同理心；實務經驗明確告知我們：「缺少父母關注的小孩，較會出現不當行為；缺少家庭支持的小孩，較會出現偏差行為；缺少家庭愛的小孩，常是令教師頭痛的學生。」

六、家長教養子女方式應合理一致，言教與身教並重

　　父母親的教養行為可分為限制、寬容、焦慮情緒投入、冷靜疏離、溫暖、敵意等，一般父母親教養行為常為結合各種教養方式的情形，但是對於男孩的教養方式常是較多寬容，而對女孩有較多的限制，青少年霸凌行為常是透過家庭的教育學習而來，父母親管教上有較多的放縱、敵意及拒絕有所關聯；相反地，溫暖

但有限制的家庭氣氛有著較注意禮貌、少攻擊性與順從的子女。過於寬容溺愛教養的子女，常會導致孩子無法制止本身負向、不合理的行為，面對父母以收回愛的情感要脅時，讓孩子感受到隨時會被遺棄的感覺。同時，應避免「以暴養暴」，避免學習父母親的言行進行霸凌。所以管教態度甚為重要，父母的管教原則，管教子女應以循序漸進的方法，幫助孩子養成負責守法的操守。因此，家長管教時切勿縱容寵溺、過分要求、過分保護、言行相背、前後矛盾、勿冷嘲熱諷、勿嘮嘮叨叨、勿恐嚇威脅、勿虎頭蛇尾、勿冷落孩子。對於手足之間的爭吵，能妥慎處理，避免衍生手足之間的霸凌行為。

第二節　預防與處理霸凌事件的具體做法

壹、觀察小孩言行變化，及早發掘小孩問題所在

　　中小學學生生理與心理的成長，並非是跳躍式的發展，其實，身心是以螺旋式型態發展，這就好像大人每天都看到小孩時，不覺得小孩的生理與心理在發展一樣，因而大人們會常跟小孩說：「你（妳）怎麼都沒有長高」、「你（妳）怎麼都沒有變」，其實小孩的生長是每天都在進行中的；相對地，若是大人們間隔一段時間都沒有看到小孩，再次看到時，會以驚訝的語氣說：「幾個月不見，你又長高了」、「一段時間不見，變得更懂事了」。相似地，學生知能的成長與品德行為的養成也是一種不斷持續發展的結果，而非是跳躍式或立即改變即達到成熟的，因而當學生的學習態度或行為表現突然與之前有很大不同，表示學

生遭遇了「麻煩」或困境，當小孩在學生路途中遇到問題或遭受麻煩，家長及老師適時的伸出溫暖的雙手，拉小孩一把，協助小孩解決困難是非常重要的。

　　學生遭遇「麻煩」，並不表示其一定有錯；小孩遭遇「問題」，也並不表示小孩一定有錯。霸凌事件中的受害者與加害者相較之下，行為錯誤的一定是加害人或協助霸凌者，即使受害者是加害者所認定是個「很機車」的同學，但是做出非法行為及價值觀有偏誤者絕對是加害者，因而蓄意的、長期的、隱匿的傷害欺凌對方就是一種「錯誤」行為。若家長發現小孩常以暴力行為傷害同學，必須適時加以告誡及勸導，如果小孩的不對行為沒有立即被導正，日後可能變本加厲，從一般不當行為變為霸凌事件。

　　家長若是發現小孩行為與之前有很大不同，應主動與班級教師聯繫，並詢問小孩是否遇到什麼問題，如小孩突然擁有昂貴的物品、玩具，或非屬於自己的學用品；小孩身體常有明顯傷痕；小孩個人的學用品或物品常常遺失或遭破壞；以繳交各項費用或購買新的學用品為藉口，要索取較多的零用錢；小孩個性變得十分沈靜畏懼，甚至不想上學或提出轉學的看法；睡覺出現惡夢或上下學希望父母陪同等。上述明顯的內外在行為變化，家長很容易察覺，如果是霸凌事件的加害者常會以「是同學借我的」，或「我撿到的」等為藉口掩飾；若是受害者則以校園意外撞擊、跌倒、遺失、不喜歡就讀的班級等理由搪塞。家長如果發覺小孩學習情況、生活態度、情緒行為等有任何異樣，最佳的方法是詢問小孩背後原因，並與教師溝通，與教師溝通的有效方法很多，如透過家庭聯絡簿、電話或直接到校拜訪老師，許多霸凌事件的受害人因為畏懼或怕遭受加害者更大的欺凌，不敢向父母或老師告

知，因而家長如能與教師進行會談溝通，則很容易發掘小孩的問題或困擾所在。家長要檢討的是為何小孩受到他人持續的傷害還不想告知他們，如果平時親子關係不良，家長與小孩間的溝通互動不佳，家長很少、甚至沒有與小孩閒談，家長採取高度權威態度管教（小孩很怕父母），則小孩自然不會將在學校發生的任何事件轉告給父母知道。對於小孩的行為，家長應有以下體認：

「小孩知能的成長與品德行為的養成是需要時間的。」

「小孩行為的突然改變定有其背後原因，家長必須詳細查證。」

「小孩行為文靜乖巧很好，但回到家後很少與家長談話就不是很好。」

「希望小孩能主動與家長講話，其前提定要有良好的親子關係。」

中小學（國中、國小）的學生都有一本家庭聯絡簿，各校家庭聯絡簿的設計內容大同小異，其中都有家長簽名及一欄家長意見，父母或者監護人在生活忙碌之餘，最好能每天查閱家庭聯絡簿並親自簽名，親自核閱的目的在於檢視是否有教師要給父母的話，從班級經營的實務面來看，班級導師會於家庭聯絡簿中書寫文字或浮貼訊息單，通常是在以下幾種情況下：一為班級或學校重要事件宣布，如校慶、定期考查、戶外教學、藝術活動等；二為學生有特別表現，值得讚許，教師書寫肯定與鼓勵的話語；三為學生學習表現退步很多，教師提醒家長協助注意；四為學生在校出現不當行為或干擾學習活動行為，教師告知家長協助共同約束督促小孩，並管教小孩。上述四種事件中以第四種型態的親師溝通最為常見，因而家長如發現老師於家庭聯絡簿留言，要仔細詢問小孩有關事件的來龍去脈。

　　有些小孩因為老師在家庭聯絡簿中書寫的內容是其在學校不當行為事件的陳述，或與人發生衝突打人的負向行為，小孩怕父母責罰，故意把家庭聯絡簿放在教室不帶回家，或回到家後不把家庭聯絡簿拿給家長看（有些小孩會私刻家長印章，自行於家長簽名處蓋章），小孩意圖隱瞞事實，則告知父母與教師的話語分別為：

　　對父母說：「最近我們老師比較忙，家庭聯絡簿沒有發給我們」，或「老師說最近沒有什麼重要事情，所以不用書寫家庭聯絡簿。」

　　對老師說：「父母最近工作忙碌，回到家後已很晚，所以家庭聯絡簿沒有簽名」，或「父母看過了，但忘記簽名」。

　　身為家長，若是小孩就讀班級開學時有發家庭聯絡簿，表示教師希望家長每天觀看並簽名，作為親師溝通的媒介之一，學期中如果小孩家庭聯絡簿突然遺失或沒有拿給家長簽名，家長就應加以留意。

貳、坦然面對霸凌問題，採取合理合法的介入處理原則

　　在校常出現不當行為的學生（如課堂故意捉弄同學，與同學爭執吵架傷害對方），有時因為怕教師告知父母，受到父母責罰，會避重就輕或將責任推給其他同學，對於同學間因衝突事件引發的傷害性行為或暴力行為，不論小孩是加害者或受害者，家長不能只聽從小孩的片面之語，而馬上出現情緒性的言語或衝動的行動，尤其是受害學生的家長（特別肢體霸凌受害者父母），如受害學生父母直接打電話給加害學生家長大聲斥責；或隔天直接到教室恐嚇加害學生（如到教室後威脅學生：「你再敢碰○○○，我就要你好看」；「以後你再打○○○，我就加倍還

251

給你」），甚至直接以暴力行為傷害加害學生（如衝到教室後，直接對著加害者拳打腳踢），這些行為不僅是不明智與不理性的處理方式，也是違法的行為，可能構成恐嚇、傷害刑責。家長要做的首要工作是釐清小孩與同學爭執吵架或衝突事件的始末，除了心平氣和地詢問小孩外，必須向教師查證，家長可打電話給教師，或隔天直接到學校與教師進行溝通對談，請教師介入處置。

一、理性詢問始末與做好情緒管理

家長詢問受到傷害的小孩時必須先做好情緒控制，不能看到小孩受傷就心疼而失去理智，因為當小孩看到父母怒氣沖沖，有很多內心的話或真實的話不會告知，除非事件加害者真的是事件的肇事者。

二、主動與家長聯繫或面對面溝通

家長與教師溝通的管道很多，除家庭聯絡簿外，較有時效性的為電話溝通，如果電話對談中還有問題尚未澄清或有疑惑，可直接到校與教師進行面對面的溝通。藉由電話溝通管道是較有時效的，也可很快瞭解事情的原委，但如果事件較為複雜，最佳的溝通方式還是家長到校與教師進行直接的對談。

三、心平氣和且謹守對事不對人原則

家長與教師溝通時必須心平氣和，對事件而不針對個人，共同來解決問題，常有許多家長因小孩在課堂學習或活動遊戲中受到班上同學傷害（不論是故意或不小心），得知後衝到班級就對

教師大聲斥責：「你這個老師怎麼當的，學生都管不好」、「你這個老師到底有沒有在管學生」，或「你這個老師會不會管學生，班上怎麼有學生常常會打人」等，當事者父母都還沒有弄清楚事件的真正緣由，就直接到學校對教師嗆聲，這種不理智的行為不僅破壞親師間的和諧關係，對於學生衝突事件的處理並沒有實質的助益，反而讓班上同學覺得「班上○○○同學的爸爸好可怕」，間接的影響結果是日後班上同學不敢與當事者一起嬉鬧或一同活動學習等，也會讓親師與師生關係破壞。

四、以身作則及遵守法律規範

　　一般衝突爭執之欺凌行為或打架傷人行為，受害者並非是特定的對象，但霸凌事件的受害者由於長期受到加害者等人的欺凌或傷害，其生理、心理的受害程度嚴重大於前者，加上加害者、協助霸凌者是故意的，其傷害動機是蓄意的（傷害原因是千奇百怪的），所以當家長得知小孩是霸凌事件的受害人後，通常會十分生氣，多數會有想親自修理加害者等事件涉入者的動機，或找人報復，如果家長沒有考慮後果，失去理智與情緒失控，可能會直接傷害加害人作為報復，如此，受害學生家長可能變為另類的傷害者，須負刑法之傷害罪或重傷害罪，刑法第277條（普通傷害罪）（屬告訴乃論）：「傷害人之身體或健康者，處三年以下有期徒刑、拘役或一千元以下罰金。」第278條（重傷罪）：「使人受重傷者，處五年以上十二年以下有期徒刑。」家長得知小孩涉入霸凌事件時，若是小孩是事件的受害者，家長最佳的處理策略是馬上通知班級老師、學務主任、輔導人員或學校行政人員，請學校立即介入處置。身為霸凌事件受害者的家長絕對不要出現以

下行為：

　　1. 立即衝到教室，對加害者直接施予報復行為或展現暴力傷害舉動（如拳打腳踢、撕毀破壞物品）。

　　2. 怒氣沖沖地到教室，當眾指責教師沒有盡到管教學生的職責，任由學生傷害他人。

　　3. 直接打電話給加害者家長，怒罵並恐嚇，如果加害學生沒有道歉及傷害賠償，要進行報復等。

　　4. 沒有循正常管道向學校通報，直接向電視媒體舉發，擴大渲染校園霸凌問題，造成師生、家長間的緊張。

　　5. 帶著民意代表，將教師叫到校長室，當面怒斥教師班級經營有問題，要教師及學校負責賠償之責。

參、家長可以做與必須要做的

　　家長對霸凌事件可以做與必須要做的策略，有「四要」及「三不要」的方法，如下所示：

一、「四要」原則

　　1. 明確告知小孩，霸凌事件中不對的人是對方（加害者）不是自己（受害者），因為霸凌他人就是錯誤的行為。

　　2. 立即向學校通報，並配合相關專業人員對小孩進行心理與態度輔導，使小孩的學習與生活於最短時間恢復正常。

　　3. 更加關注小孩行為變化，持續追蹤是否再有受到他人霸凌的情形。

　　4. 校園學習與生活過程中，受到他人欺凌或傷害務必告知父母及老師。

二、「三不要」原則

1. 受害學生家長切勿直接打電話給加害學生家長，或直接到加害學生家中質問、謾罵（可能引爆家長間衝突）。

2. 也不能對加害學生言語威嚇、肢體傷害（可能出現違法行為及家長間衝突）。

3. 雙方家長切勿不敢面對現實，採取逃避態度、互相推諉及攻擊的方式解決問題，可能讓小孩間所發生的紛爭變成成人間的衝突。

面對問題最佳的處理策略為告知班級教師，由班級教師介入處置，其關係脈絡圖如下所示：

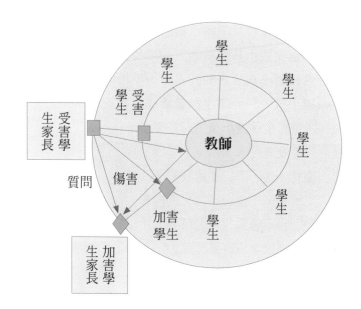

相對地，如果小孩是霸凌事件中的加害者或協助霸凌者，家長第一時間得知後可能無法接受，也不願意相信這是事實，會

對小孩是否真的涉入霸凌事件抱持懷疑心態，寧願相信這是誤會或學校沒有弄清楚狀況將對象搞錯；此外，小孩若是知道父母知悉其為霸凌事件的加害者、協助霸凌者或煽動者，因為害怕家長責罵或被學校處罰，通常會避重就輕或將責任推諉給他人，甚至將事件導因推給受害者。霸凌他人行為與平時同學間爭執引發的暴力事件行為是截然不同的二種型態，前者是一種故意的、持續的、非公開的傷害他人行為，後者是一種偶發的、公開的、單一的傷害他人行為；前者型態歸於「嚴重偏差行為」，後者型態歸於「不當行為」。

小孩會涉入霸凌問題，成為霸凌事件的加害者，其思維模式定有偏差、價值觀定有偏頗，個體缺乏關懷他人、同理心等利社會行為，無法對同儕間發生的衝突或憤怒情緒加以有效處理，因而家長必須配合學校共同對小孩的霸凌行為加以輔導矯正，若是家長無法真正面對小孩霸凌他人的事實，只採取逃避之消極作法，或只片面相信小孩所告知的事件，不相信他人或學校所轉述的內容，偏袒小孩，只會讓小孩繼續成為霸凌事件的加害者，家長的此種作法並非是保護小孩，而是害了小孩。如：

家長：你有沒有打人？

小孩：沒有！是○○○先罵我的。

家長：同學罵你，你也不能打傷同學。

小孩：○○○不僅罵我，還打我，所以我才會還手的。

小孩：我出手根本沒有那麼用力，是○○○爸爸亂講的。

家長：但是○○○爸爸及老師都說○○○傷得很重。

小孩：○○○為什麼傷得那麼重，我也不知道，我真得沒有很用力。

涉入暴力行為的加害者因怕大人責罰，常會以其他藉口，將

自己的不對行為合理化，這是一種責任推諉之舉，如果家長未加以查證，只信任小孩編造的話語，會將小孩錯誤的行為淡化，也會與老師告知的事實爭辯。家長與老師爭辯，不僅無助於霸凌事件的處理，更會引發大人間的衝突。對此，身為家長者應有以下體認：

　　「父母都不希望小孩成為霸凌事件的加害者，但父母更不希望小孩持續霸凌他人，承擔更嚴重的後果。」

　　「父母都不願小孩出現暴力行為，但父母更不願聽到小孩持續長久的傷害他人。」

　　面對事實是家長必須克服的心理障礙，不論小孩之前的行為表現為何，霸凌他人就是一種不對的行為，即使有再多理由，霸凌他人就是違反校規與法律的。家長必須明確告知小孩，當遇到不如意、不滿意的事情，或與同學發生衝突時，採取暴力傷害行為就是錯誤的，明確表達個人反對霸凌的想法與態度，尤其是蓄意、長期的欺凌傷害同學，暴力是不能解決問題的，此類行為絕對是不對的，家長定要讓小孩知道：「即使你有一百個理由，霸凌同學就是不對的，即使你的理由很動聽，對他人持續施予傷害行為就是不對的。」「霸凌事件中加害者永遠是不對的，你絕對不要為你不對的行為編織各種合理化的理由。」加害者家長若能積極介入輔導教育小孩，督促約束小孩，則小孩持續霸凌他人的行為可以馬上遏阻；此外，也可導正小孩的價值觀與對憤怒的正向處理方法，只有家長快速介入處置，與學校教師緊密配合，才能有效處理霸凌問題。身為霸凌事件加害者的家長，絕對不能偏袒小孩，或放任不管，否則會讓小孩行為變本加厲，造成更嚴重的後果。

　　要釐清小孩是否涉入霸凌事件，家長除由小孩外在行為與

學習生活態度的變化判斷外,重要的管道是他人的告知,如目睹者、學校教師、行政人員或警察等,若有人通知小孩是霸凌事件的加害者,定會通知父母／監護人到校協助處理,此時父母／監護人不能以工作忙碌,或其他事項等無法分身為藉口而不參加,家長要知道:「霸凌事件愈晚介入處置,會讓霸凌問題更為複雜,會讓受害者的傷害更大、會讓小孩的付出更多。」此外,家長必須與好好小孩懇談,讓小孩說出事件的來龍去脈,及小孩霸凌對方的原因(列舉原因均無法構成霸凌他人的理由,目的是要探究小孩的內心世界),家長最重要的是要藉由談心時間,明確告知小孩持續傷害或欺凌他人的嚴重性,不僅「不對」還是一種「違法」行為,可能要負起民事或刑事責任,父母連帶也要負起法律責任,霸凌事件的處理時,如果當事人的家長積極協助配合,能面對事實勇於承擔責任,才能有效遏阻小孩再度出現持續傷害他人的行為。

肆、破除分數至上的迷思,重視小孩品格行為的養成

「分數第一、名次第二、行為第三」是許多家長對小孩學習表現的迷思,這是受到升學競爭、學歷至上的影響,「萬般皆下品,唯有『分數』高」,其實根據多元智能理論及統計學常態分配的觀點(學習表現極優與極差的人數占少數,學習表現中下、中等、中上的占多數),並非每個學生的學習表現都會很突出,家長應該破除「100分與第一名的迷思」,在小孩學習過程中只重視分數。不論小孩考多少分,99分、80分、65分等,家長心中永遠不會滿意,因為沒有100分;不論小孩是第幾名,第2名、第10名、第21名,家長心中永遠不會高興,因為沒有第1名,如果家長只重視小孩的分數與名次,則小孩永遠無法達到家長心中的期

望，因為第1名只有一位，當小孩無法達到家長心中的高期望水準時，家長就會責罵、處罰小孩，造成小孩過度的焦慮，長期被家長責罰結果，會讓小孩對學習失去興趣，對自我失去信心，因為小孩心中認為：「不管我怎麼努力還是會被責罰，不管我有沒有進步都會被斥罵。」如果家長能破除追求「100分與第1名」的迷思，而以小孩的努力程度與投入行為來評估，若是小孩已經盡力了，即使成績不盡理想，身為家長者也應以鼓勵取代斥責，家長最重要是激勵小孩尋找自我專長與從事有興趣的事件，發揮長才並盡力去做，提高小孩學習動機、提升信心與自尊感。

　　當小孩對學習感興趣，可以展現自我長才，才能專注於學習內容上面，如此才能減少出現偏差行為，課堂不當行為減少，則涉入霸凌事件的機率就相對的會減低，因為「一位對學習有興趣的小孩，是不會故意找別人麻煩的」、「一位有自尊感的學生，是不會故意製造麻煩的」、「一位喜愛班上活動及喜愛與同學在一起的學生，是不會故意欺凌同學的」。要培養小孩對學習活動的興趣，家長就應成為小孩學習路上的協助者、導引者、正向行為的養成者，不要每次和小孩講話都是以下幾句話：「怎麼成績又退步了」、「你上課到底有沒有在聽，怎麼考這麼差」、「你看，又粗心寫錯了」、「叫你考試要細心一點，你就不聽」、「真可惜，這一題答對就100分了」、「這次考試是班上第幾名？」等，這些話語都跟成績有關，家長定要跳脫分數的迷思，否則只會打擊小孩的學習信心，不要讓小孩有以下感受：「考得再好，父母也不會滿意；分數再高，父母也不會滿意。」成績固然重要，但人格正常發展更為重要，家長與小孩閒談的內容，應包括所有學習內容，如：「今天在學校有沒有發生有趣的事」、「最近學習有沒有遇到什麼困難」、「有沒有比較奇特的事要告

訴爸爸（媽媽）」等，小孩能主動將學校發生有趣的事件，或關注的事情告知家長，才能增進親子間關係，發掘出小孩的問題，進而協助小孩的疑惑與困擾，促進小孩人格的正向發展。

家長應從平時生活教育中讓小孩知道：「成績很重要，但品德行為更為重要；分數很重要，但人格操守更重要；社會中不論你從事哪一個行業，只要沒有違法，憑自己勞力賺錢，都可以在社會立足不會被他人看不起」、「合法行業不分貴賤，只看你有沒有用心去做」。這個觀念要能落實於小孩的學習、生活中，家長就要以身作則做為小孩的榜樣，在小孩學習的路途上，多給予讚美與鼓勵，欣賞小孩的優點、少看小孩的缺點，即使小孩學業成績不佳，至少也有行為優點存在，「家長能關心小孩，小孩才會鞭策自己的行為；家長能注意小孩，小孩才會惕厲自己的行為；家長能欣賞小孩，小孩才會肯定自己的行為」，一位能鞭策自己、惕厲自己、肯定認同自己的小孩，是不太會出現偏差行為，更別說是霸凌行為。

伍、以身作則為小孩榜樣，發揮正向行為映射功能

父母／監護人在家的言行舉動都是小孩學習的榜樣，從社會學習論觀點而言：家庭父母若常出現暴力行為，則小孩愈有可能出現暴力行為；家庭父母若常出現攻擊行為，則小孩愈有可能出現攻擊行為；家長間發生衝突若常出現言語辱罵、破壞物件的行為，小孩在學校與同學發生爭執時也常會出現言語威脅及傷害行為，這就是身教作用，是一種模仿學習。如父親在家中遇到不如意的事即以三字經怒罵母親，或對母親拳打腳踢，耳濡目染的結果，小孩在校若與同學發生衝突，也會以三字經怒罵對方，或對同學加以傷害，因為小孩自家中習得的行為即是這種方式，其

思維模式是：「只要不順合我意，或惹到我，倒楣的就是你」、「我不僅要詛咒你，還要打你」；其行為實踐為以負向言語攻擊對方、以拳頭傷害對方；相對地，如果父母間遇到意見不和或發生衝突時，能心平氣和、調整情緒，以理性溝通取代怒斥互罵，以對談取代暴力，則家長處理事件的行為及模式，會反映在小孩身上，當小孩在學校與同儕發生衝突，也會以合理、合情方式解決，而不會直接訴諸暴力，出現傷害他人行為自會減少許多。

　　家長對小孩的承諾與展現的行為要一致，不要讓小孩覺得父母說的和做的不一樣，如：「爸爸說他不重視成績，只要我盡力就好，但每次沒有考好，事後都被他罵」、「媽媽說她不在意名次，叫我努力考就對了，但看到成績單時都說：『名次怎麼這麼差』，還說我不夠認真」，當家長言行不一致時，家長的言語便無法獲得小孩的信任，長久下來，家長的言行無法獲得小孩認同，無法認同家長言行的小孩，親子關係便不會和諧。家長與教師一樣，都是兒童、少年、青少年心中的重要他人，一言一行、處理事情的態度都是他們學習的對象，家長與教師要做的是典範楷模，而非是不良行為的複製，家長不僅透過正式說教或有計劃的指導來教育小孩，也會藉由自身潛在的行為來影響小孩，如果家庭環境是一面鏡子，則家長所有言行與處理事件的方法均會映照到小孩身上。

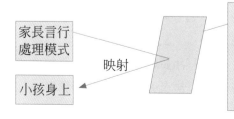

家長遇到爭執就摔對方購買物品，小孩在校與人發生衝突就會撕毀或破壞對方物品；家長遇到衝突以拳頭回應，小孩在校與人發生爭執吵架就會出現暴力行為傷害對方。

家長言行處理模式

映射

小孩身上

有些父母對於小孩的學習成就或行為表現進行個人中心導向的解釋，此種解釋風格不僅無助於小孩正向人格的養成，更無法培養小孩感恩的心。如當小孩學習成績優異或行為表現良好，會解釋為小孩本身的資質佳、家長教育方法得宜、父母管教型態適切，而不會感謝是學校教育的效用與教師的功勞；相對地，當小孩學習成績不佳或行為表現不好，會解釋為教師班級經營不良、教師教育方法不適切，而不會反思是家庭教育是否出了問題、家長管教是否得當等，家長總認為小孩行為有錯，是別的同學的錯，自己的小孩絕不會犯錯，對於小孩不對行為或不適切表現，總是先怪罪班上同學或他人，而沒有怪罪自己的小孩。家長若有此種觀念，會嚴重影響小孩的價值觀，使小孩缺乏感恩的心，與自以為是的想法，不僅無助於小孩的學習表現或行為導正，可能由於小孩自私自利的行為影響小孩在班上的人際關係。此外，家長更不應於小孩面前批評教師，如：「你們老師根本不會教」、「我看你們老師管教的方法有問題」、「你很倒楣，編到這一班」、「你們老師很爛」等，家長若對教師的教學策略或管教方法有任何誤解或質疑，應當面與教師進行溝通，不應於小孩面前直接對教師進行負向的評論，因為家長這些作法，會影響小孩對教師權威的質疑，進而引發出現挑釁教師等嚴重不當行為。

　　如果教師管教不當或教學有問題，家長可透過正常管道轉知行政人員，藉由行政權的介入與勸說，來導正教師不當管教行為。家長切勿直接訴諸電視媒體，擴大為親師間的衝突事件，因為此種舉動會嚴重破壞親師間的關係，對於教師、學生、家長、學校間會造成全盤皆輸的局面。家長所採取的任何舉動都是小孩學習的一部分，教師如真的管教失當或教學不力，應透過學校行政權的介入輔導與勸誡，而不是透過媒體電視等傳播媒介來擴大

報導。家長告知小孩遇到不合理的事情，或對某些事件不滿意，要藉由理性溝通或與人對談的方式尋求解決，如果家長對教師班級經營策略或管教方法感到不滿意，但卻沒有與教師先進行溝通對談等理性方式尋求解決，而直接採取傷害教師的方法，可能會為小孩帶來負面的影響。對此，家長應有以下體認：

「與教師正面衝突並不是解決問題的好方法；讓教師難堪、公開貶抑教師，也是一種對教師的一種傷害。」

「家長尊重教師，才能讓教師尊重家長與小孩，『尊重他人』是親師生間和諧關係的根本。」

「家長可以不同意學校教師的教學方法，但家長不可以詆譭攻擊教師的人格與專業」

從相關實徵研究資料，家長管教態度與小孩在校的行為表現有密切關係，採取權威式的管教型態或放任式的管教型態，小孩在學校中出現不當行為者較多，時代在變、潮流在變，小孩的思維模式也在變，家長與教師一樣，採用的管教方式也要跟著調整，否則家長與教師都無法因應時代變遷，「以過去知能，教育或管教現代小孩，去適應未來社會」並非是錯誤的做法，但卻無法讓小孩於後現代社會中能快速進行調適與成長。權威式管教的結果是小孩不敢向父母表白，家長無法知悉小孩的內心世界，也無法知道小孩在校發生的事件；放任式管教的後果，就是任由小孩我行我素，如果小孩無法自律便會為所欲為，較會出現偏差行為或霸凌他人行為。預防學生出現偏差行為的根本，是親職教育實踐的合理性，合理性包括親子關係良好，父母與小孩間溝通順暢，家長能尊重小孩意見，教導小孩同理心與助人行為，告知小孩利社會行為實踐的重要性，以實際案例教育社會關懷與尊重他人行為。家庭教育法第十二條明訂「高級中等以下學校每學年應

在正式課程外實施四小時以上家庭教育課程及活動,並應會同家長會辦理親職教育」,為增進家長親子溝通與管教技能,家長在工作之餘可以參加社區或學校舉辦的親職教育講座。

平時,家長也可以從社會案例中,對小孩實施人權教育與法治教育案例教育方式,小孩才不會覺得父母在說教,或父母很囉唆,從案例中可以很明確的讓小孩知悉傷害他人要負什麼刑責、霸凌他人會有什麼結果、欺凌他人會受到何種嚴厲懲罰等。許多霸凌事件中的加害者或協助加害者被人舉發霸凌他人的行為後,常會跟家長說:「我不知道事件結果會這麼嚴重」、「我們不知道這種傷害行為要負法律責任」、「我不知道」、「我不曉得」、「我不清楚」等話語可能是一種責任推卸的心態,但家長寧願相信小孩是真的法治知能不足,才會出現霸凌他人的行為,所以家庭教育的一環是明確告知小孩:「暴力行為就是錯誤的,傷害欺凌他人就是不對的」、「合法的行為就是不傷害同學」、「遵守校規,服從學校規範是基本行為準則」、「即使你對同學不滿或看不慣同學的行為也不能傷害他,因為每個人都有自己行事的風格與基本人權」、「你不滿意可以跟老師講」、「你看不慣同學的行為可以告知老師,將你的想法讓老師知道」等。家長定要知悉:「小孩是要教育的,有些事情是要明確告知小孩的。」

陸、盡到家長的職責與義務,成為教師的夥伴

教育基本法第2條明訂:「人民為教育權之主體。教育之目的以培養人民健全人格、民主素養、法治觀念、人文涵養、強健體魄及思考、判斷與創造能力,並促進其對基本人權之尊重、生態環境之保護及對不同國家、族群、性別、宗教、文化之瞭解與關

懷，使其成為具有國家意識與國際視野之現代化國民。為實現前
項教育目的，國家、教育機構、教師、父母應負協助之責任。」
可見培養小孩對基本人權之尊重及具現代化國民素養的職責並非
全是教師職責，教育行政機關、教師、家長均要負起相關責任。
部分家長有這樣想法：「把小孩送到學校後，小孩的所有行為與
學習表現都要教師負責」，這是一種推卸責任的想法，小孩的行
為輔導與偏差行為的導正，如果沒有家長的協助幫忙，單靠學校
教育的力量是不足的，小孩人格的養成、行為的輔導、學習表現
等同時受到學校教育與家庭教育的影響，教師、家長同時扮演重
要的角色，就小孩不當行為的導正而言，班級教師、小孩家長、
輔導教師／行政人員如能同時介入處理，建構相互支援的網路系
統，才能有效減少小孩的負向行為，培養正向品德習性，處理小
孩不當行為建構的網路脈絡圖如下：

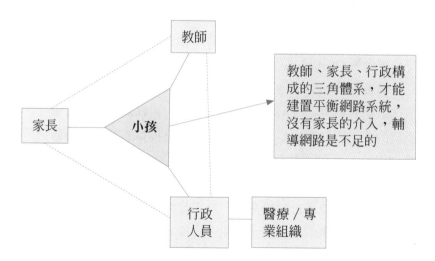

　　對於小孩偏差行為導正，小孩家長絕對不能置身事外，因為
家長有管教與輔導小孩的權利與義務，家庭教育法第15條明定：

「各級學校於學生有重大違規事件或特殊行為時，應即通知其家長或監護人；並提供相關家庭教育諮商或輔導之課程，其辦法由該管主管機關定之。」民法第1084條明定：「子女應孝敬父母。父母對於未成年之子女，有保護及教養之權利義務。」第1085條明定：「父母得於必要範圍內懲戒其子女。」因而小孩在學校有重大違規或不當行為，或特殊行為發生時，家長必須積極配合學校擬定的各種合理、合法的管教策略與系統的輔導活動，協助教師導正小孩的違規行為，糾正小孩錯誤的價值觀。小孩重大違規行為發生後，沒有家長的協助配合，單靠學校的教育力量是不足的，尤其是小孩涉入霸凌事件時，缺乏家長管教權與教育權的介入，加害者、協助霸凌者的傷人行為是很難矯正的，如果家庭教育功能均沒有發揮，則學校教育擬定之輔導方案的成效多半是事倍功半的。家長不能將小孩行為導正責任全推給學校，將教育小孩職責全推給教師，家長不能忘記，家庭教育也有「教育」的重大功能，唯有家長也協助介入處置，管教啟迪小孩，才能有效改變小孩偏頗的價值觀與嚴重的偏差行為。

霸凌事件加害者的不當行為是一種嚴重的偏差行為，若是小孩涉入霸凌事件，成為事件中的加害者、協助加害者或煽動者，小孩的價值觀與認知定有嚴重的偏頗，由於錯誤的認知與觀念，才會促發其欺凌傷害他人行為，對於小孩的不當行為或錯誤舉動，身為家長絕對不能縱容，否則錯誤行為被制約後，隨著年齡增長偏頗的價值觀愈難矯正，行為可能會一錯再錯，犯下更大的錯誤，傳統俗語：「細漢偷挽匏，大漢偷牽牛」、「小時偷針，大時偷金」，就是家長寵愛溺愛小孩的結果。「葉子沒挽不成叢，囡仔沒損不成人」，小孩做錯事情時，家長一定要積極介入處置，除合理運用民法上賦予的管教權外，更要配合教師或行政

人員一同教育小孩，小孩「不僅要生更要養；不僅要養更要管；不僅要管更要教」，家長不能逃避身為父母者應負的責任，或將管教小孩的義務全推給教師，身為家長一定要知道：「許多小孩的錯誤認知與偏差行為是來自於家庭」，因而對於小孩行為的管教與輔導，家長定有其義務與合法的權利。

　　家長雖有管教與懲戒小孩的權利，但管教要合理、懲戒要合法，若是逾越管教權限，對小孩實施體罰，則可能構成家庭暴力。家庭暴力防治法第2條明訂：「本法所稱家庭暴力者，謂家庭成員間實施身體或精神上不法侵害之行為。本法所稱家庭暴力罪者，謂家庭成員間故意實施家庭暴力行為而成立其他法律所規定之犯罪。本法所稱騷擾者，謂任何打擾、警告、嘲弄或辱罵他人之言語、動作或製造使人心生畏怖情境之行為」，因而即使是小孩父母對小孩的管教或懲罰也不能對小孩有身體或精神上的傷害。尤其是當家長知悉小孩是霸凌事件的加害者時，可能會非常生氣，此時，家長絕對要控制好自我的怒氣與憤怒的情緒，配合學校教師與行政人員，進行小孩價值觀的導正與錯誤行為的輔導，涉入霸凌事件的小孩，其行為矯正單靠學校教育或家庭教育絕對是不足的，唯有家長與學校的緊密配合，才能矯正當事者的錯誤行為，這是家長應有的認知與積極的作法。

案　例

　　子育是位注意力缺陷過動異常症（attention deficit hyper-active disorder；[ADHD]）學童，除了過分活動與易衝動外，也有部分學科學習障礙，但多數課堂行為表現還能遵守老師規定的班級規約。林老師是子育一年級的新生導師，知道子育是位ADHD症學童後，於開學第一星期早自修時，詳實的

告訴全班學生有關子育的行為狀態，及每位同學日後跟子育相處時應注意的事項，子育的母親對子育的學習也很關心，從子育入學後就自願擔任林老師班上的志工媽媽，早自修也擔任林老師班上的讀經老師，每當子育跟同學有意見衝突時都會協助林老師處理，子育媽媽不會責怪班上的同學，而是協助子育與同學間爭執的排解，當確定衝突是子育引發的，或是子育的錯誤，子育媽媽會勸導子育。第一次班級親師會時，林老師也把班上有位ADHD症學童的情形告知與會家長，並將相關注意事項與班上家長溝通，林老師他將子育母親協助子育學習歷程誠懇的告知班上家長，當家長得知子育情況後，與小孩回家告知子育媽媽的投入與態度，多能認同與肯定林老師作法，二年的學習生活，林老師班上並沒有任何一位同學轉學，全班學童多數與子育相處融洽，雖然低年級二年的學習與活動過程，也曾發生部分同學與子育爭吵的情形，但經林老師及子育媽媽的介入輔導，事件皆能很快處理，從未發生親師生間衝突事件發生，子育也很快樂的升上三年級，林老師與子育母親也由於子育關係，建立了良好的親師合作夥伴，變成很要好的朋友。

　　案例中子育母親是位勇於任事的家長，也是家長管教權與教育權介入輔導的成功例子，若是子育母親將所有管教輔導責任全推給林老師，相信林老師在教育管教上會捉襟見肘，無法讓班上同學及所有家長心安的，家長「管教權的運用要合理、家長懲戒權的採用要適切、家長教育權的介入要適時」，管教小孩不是要怒罵小孩，懲戒小孩不是要體罰小孩，教育小孩不是要威脅小孩，家長也應與教師一樣，恩威並濟、以身作則，多以說理取代訓斥。若是小孩的偏差行為嚴重，可能有原生性原因，家長應帶

小孩至醫療或專業機構協助鑑定，如此才能提早發現問題行為的背後成因，採取有效的因應策略。不明智或不合倫理的管教策略是，當家長發現小孩在學校顯現不對行為，或出現不當行為，小孩回到家後只採取單一「打罵」的負向管教方式，對小孩行為的矯正是沒有實質幫助的，因為打罵方法只會暫時遏止小孩的偏差行為，而不會真正讓小孩出現正向的行為，若是小孩的價值觀沒有改變，對待同學的態度沒有改變，對事件處理方式沒有改變，則一旦與同學發生爭執，或看不慣他人的行為或表現時，小孩的暴力傷害行為便會再度顯現，因為只有「打罵」方法是無法真正使一個違規犯過者的行為產生量變（偏差行為減少）與質變（顯現正向行為），唯有配合教育輔導與說理勸導方式，才能使小孩偏差行為改善。

附件1　防制校園霸凌因應小組編組表

彰化縣國立○○高級中學防制校園霸凌因應小組編組表

組　別	職　稱	級　職	姓　名	業務職掌
計畫組	主任委員	校長	○○○	綜理全盤計畫指導事宜
	副主任委員	學務主任	○○○	提供全盤計畫諮詢建議
	執行秘書	主任教官	○○○	協助學務主任執行進度管制與協調，並指導校安通報及危機緊急處理小組工作規劃與執行事宜
校園環境安全組（總務處）	組長	總務主任	○○○	指導校園安全組工作規劃與執行事宜
	組員	庶務組長	○○○	1.校園安全環境安檢作業程序與檢覆機之建立，全面掌握校園危險死角
		文書組長	○○○	2.定期校園安全環境之安檢，並記錄改善之。 3.針對校園危險死角，設置監視器，

（續）

271

組　別	職　稱	級　職	姓　名	業務職掌
				降低霸凌發生地點之可能性。 4.制訂校園安全保全及警衛人員管理與督導，以及警衛執行勤務等辦法。 5.學校門禁管理及安全防護事項討論。
宣導組 （教務處） （學務處）	組長	教務主任	○○○	指導校園反暴力防治工作規劃與執行事宜。
	組員	教學組長	○○○	1.相關教學計畫研擬： (1)擬定反暴力霸凌防治之教學課程（包含正式及潛在課程）。 (2)種子教師、學生培訓課程計畫之研擬。 (3)新進教職員、學生反霸凌校園安全推動宣導之研擬。 2.教學成效評估與修訂。
		註冊組長	○○○	
		設備組長	○○○	
		實習組長	○○○	

（續）

組　別	職　稱	級　職	姓　名	業務職掌
	組員 創意活動推展 （訓育組、活動組）	訓育組長	○○○	1.辦理反霸凌海報比賽，加強學生法治觀念。
		活動組長	○○○	2.辦理反霸凌各項才藝比賽。
醫療救援及暴力傷害登錄組 （健康中心）	組長	衛生組長	○○○	1.新生健康檢查之規劃與執行。 2.緊急醫療救援及傷病處理作業規劃。 3.健檢異常學生之討論與追蹤輔導。 4.協助霸凌個案發現與通報。
	組員	護理師	○○○	5.協助辦理相關衛生教育宣導活動。 6.擔任各項健康指導工作並協助教職員工對學生保健之認識。
心理輔導組 （輔導室）	組長	輔導主任	○○○	指導心理輔導組工作規劃與執行事宜： 1.建立輔導機制及諮商支援網路。 2.建立霸凌高關懷學生個案之篩檢作業機制。

（續）

霸凌議題與校園霸零策略

組　別	職　稱	級　職	姓　名	業務職掌
組員	輔導老師		○○○	1.協助霸凌個案輔導，並做成「個案輔導記錄表」備查、建檔。 2.輔導課程研擬與討論。 3.建立輔導個案之轉介機制。 4.定期召開「個案輔導討論會議」，評估、檢討輔導成效並記錄備查。 5.加強辦理教師輔導知能研習與進修。 6.建立學校教職員志願認輔行為偏差學生制度。
	輔導老師		○○○	
	支援班導師		○○○	
	各班導師			
	家長代表			
校安通報及危機緊急處理組（教官室）	組長	生輔組長	○○○	1.落實執行「校園安全及災害事件通報作業系統」，積極通報學校校園暴力與偏差行為事件。 2.定期統計、分析校園暴力與偏差行為，以及霸凌事件之件數。
	組員	教官	○○○	
		教官	○○○	
		教官	○○○	
		教官	○○○	
		教官	○○○	

（續）

274

組　別	職　稱	級　職	姓　名	業務職掌
				3.建立校園暴力霸凌事件危機處理作業流程。
				4.不定期進行危機處理作業之模擬演練。
				5.加強學生品德教育。
				6.定期或不定期學生放學後之社區巡邏，加強校園內外周邊巡邏工作。
				7.配合實施「學生校園生活問卷」調查，主動發覺校園霸凌事件之受虐學生。
				8.霸凌事件統計資料庫之建立。
				9.合併校安統計分析、討論霸凌事件件數及原因。

附件2　性別平等教育法部分增修條文

　　民國100年6月22日性別平等教育法部分條文修訂，增訂「性霸凌」行為，對於校園性霸凌、性騷擾、性侵害等有更明確的定義、處理流程、通報機制等。下面只列舉與校園霸凌相關之部分條文。

第2條　本法用詞定義如下：

　　　　一、性別平等教育：指以教育方式教導尊重多元性別差異，消除性別歧視，促進性別地位之實質平等。

　　　　二、學校：指公私立各級學校。

　　　　三、性侵害：指性侵害犯罪防治法所稱性侵害犯罪之行為。

　　　　四、性騷擾：指符合下列情形之一，且未達性侵害之程度者：

　　　　　　（一）以明示或暗示之方式，從事不受歡迎且具有性意味或性別歧視之言詞或行為，致影響他人之人格尊嚴、學習、或工作之機會或表現者。

　　　　　　（二）以性或性別有關之行為，作為自己或他人獲得、喪失或減損其學習或工作有關權益之條件者。

　　　　五、性霸凌：指透過語言、肢體或其他暴力，對於他人之性別特徵、性別特質、性傾向或性別認同進行貶抑、攻擊或威脅之行為且非屬性騷擾者。

　　　　六、性別認同：指個人對自我歸屬性別的自我認知與接受。

七、校園性侵害、性騷擾或性霸凌事件：指性侵害、性騷
　　擾或性霸凌事件之一方為學校校長、教師、職員、工
　　友或學生，他方為學生者。

第12條　學校應提供性別平等之學習環境，尊重及考量學生與教
　　　　職員工之不同性別、性別特質、性別認同或性傾向，並
　　　　建立安全之校園空間。學校應訂定性別平等教育實施規
　　　　定，並公告周知。

第14條　學校不得因學生之性別、性別特質、性別認同或性傾向
　　　　而給予教學、活動、評量、獎懲、福利及服務上之差別
　　　　待遇。但性質僅適合特定性別、性別特質、性別認同或
　　　　性傾向者，不在此限。學校應對因性別、性別特質、性
　　　　別認同或性傾向而處於不利處境之學生積極提供協助，
　　　　以改善其處境。

第14-1條　學校應積極維護懷孕學生之受教權，並提供必要之協
　　　　　助。

第20條　為預防與處理校園性侵害、性騷擾或性霸凌事件，中
　　　　央主管機關應訂定校園性侵害、性騷擾或性霸凌之防
　　　　治準則；其內容應包括學校安全規劃、校內外教學與人
　　　　際互動注意事項、校園性侵害、性騷擾或性霸凌之處理
　　　　機制、程序及救濟方法。學校應依前項準則訂定防治規
　　　　定，並公告周知。

第21條　學校校長、教師、職員或工友知悉服務學校發生疑似校
　　　　園性侵害、性騷擾或性霸凌事件者，除應立即依學校防
　　　　治規定所定權責，依性侵害犯罪防治法、兒童及少年福
　　　　利法、身心障礙者權益保障法及其他相關法律規定通
　　　　報外，並應向學校及當地直轄市、縣（市）主管機關通

報，至遲不得超過二十四小時。

學校校長、教師、職員或工友不得偽造、變造、湮滅或隱匿他人所犯校園性侵害、性騷擾或性霸凌事件之證據。學校或主管機關處理校園性侵害、性騷擾或性霸凌事件，應將該事件交由所設之性別平等教育委員會調查處理。

第22條　學校或主管機關調查處理校園性侵害、性騷擾或性霸凌事件時，應秉持客觀、公正、專業之原則，給予雙方當事人充分陳述意見及答辯之機會。但應避免重複詢問。

當事人及檢舉人之姓名或其他足以辨識身分之資料，除有調查之必要或基於公共安全之考量者外，應予保密。

第23條　學校或主管機關於調查處理校園性侵害、性騷擾或性霸凌事件期間，得採取必要之處置，以保障當事人之受教權或工作權。

第24條　學校或主管機關處理校園性侵害、性騷擾或性霸凌事件，應告知當事人或其法定代理人其得主張之權益及各種救濟途徑，或轉介至相關機構處理，必要時，應提供心理輔導、保護措施或其他協助；對檢舉人有受侵害之虞者，並應提供必要之保護措施或其他協助。前項心理輔導、保護措施或其他協助，學校或主管機關得委請醫師、心理師、社會工作師或律師等專業人員為之。

第25條　校園性侵害、性騷擾或性霸凌事件經學校或主管機關調查屬實後，應依相關法律或法規規定自行或將加害人移送其他權責機關懲處。

學校、主管機關或其他權責機關為性騷擾或性霸凌事件之懲處時，應命加害人接受心理輔導之處置，並得命其

為下列一款或數款之處置：

一、經被害人或其法定代理人之同意，向被害人道歉。

二、接受八小時之性別平等教育相關課程。

三、其他符合教育目的之措施。

校園性騷擾或性霸凌事件情節輕微者，學校、主管機關或其他權責機關得僅依前項規定為必要之處置。

第一項懲處涉及加害人身分之改變時，應給予其書面陳述意見之機會。

第二項之處置，應由該懲處之學校或主管機關執行，執行時並應採取必要之措施，以確保加害人之配合遵守。

第26條　學校或主管機關調查校園性侵害、性騷擾或性霸凌事件過程中，得視情況就相關事項、處理方式及原則予以說明，並得於事件處理完成後，經被害人或其法定代理人之同意，將事件之有無、樣態及處理方式予以公布。但不得揭露當事人之姓名或其他足以識別其身分之資料。

第27條　學校或主管機關應建立校園性侵害、性騷擾或性霸凌事件及加害人之檔案資料。

前項加害人轉至其他學校就讀或服務時，主管機關及原就讀或服務之學校應於知悉後一個月內，通報加害人現就讀或服務之學校。

接獲前項通報之學校，應對加害人實施必要之追蹤輔導，非有正當理由，並不得公布加害人之姓名或其他足以識別其身分之資料。

參考書目

王守珍（譯）（1996）。攻擊的秘密。台北：遠流。

吳明隆（2010）。班級經營－理論與實務。台北：五南。

李明貞譯（2007）（M. Moore & S. J. Minton著）。無霸凌校園－
　　給學校、教師和家長的指導手冊。台北：五南。

李政賢譯（2011）（S. R. Baumgardner & M. K. Crothers著）。正
　　向心理學。台北：五南。

兒童福利聯盟文教基金會資發處（2007）。兒童校園「霸凌者」
　　現況調查報告發表記者會。2008年2月15日，取自網址http://
　　www.children.org.tw/

林凱華譯（2008）（A. L. Beane著）。無暴力校園－教師工作手
　　冊。台北：稻田。

邱珍琬（2002）。國小國中校園霸凌行為比較研究。國立彰化師
　　大教育學報，3，99-129。

洪福源（2003）。校園欺凌行為的本質及防治策略。教育研究月
　　刊，110，88-98。

張春興（2000）。心理學。台北：東華。

教育部(2011)。教育部防制校園霸凌專區。擷取日期，2011年11月
　　20日，網址https://csrc.edu.tw/bully/。

許文宗（2010）。國中學生虛擬霸凌與傳統霸凌之相關研究。國
　　立彰化師範大學輔導與諮商研究所碩士論文（未出版）。

許春金（1990）。犯罪學。桃園：中央警官學校。

許春金（2003）。犯罪學。台北：三民。

連廷嘉、黃俊豪譯（2004）（F. Philip Rice & Kim Gale Dolgin

著）：青少年心理學。台北：學富。

郭怡伶（2004）。磨蹭的快感？-阿魯巴的男子氣概建構。台灣大學建築與城鄉研究所碩士論文（未出版）。

郭照婉（2010）。國中生的非理性信念與其同儕人際關係、利社會行為之研究。國立高雄師範大學教育學系生命教育碩士班碩士論文（未出版）。

陳明珠（2011）。青少年霸凌行為、人際依附風格、焦慮與憂鬱情緒之相關研究。國立高雄師範大學輔導與諮商學系博士論文（未出版）。

陳奎伯、顏思瑜譯（2009）（A. M. O'Donnell, J. Reeve & J. K. Smith著）。教育心理學。台北：雙葉。

黃子毅、王麗雲（2007）。拒絕校園霸凌的智慧與勇氣。中等教育，58(6)，140-152。

溫明麗等譯（2005）（R. D. Parsons, S. L. Hinson & D. Sardo-Brown著）。教育心理學。台北：洪葉。

蔡靜思（2011）。國小學生人格特質、父母教養方式與霸凌行為關係之研究。國立高雄師範大學教育學系生命教育碩士班碩士論文計畫。

鄭英耀、黃正鵠（2010）。校園暴力霸凌現況調查與改進策略實施計劃。教育部委託專案報告。台北市：教育部。

黎素君（2006）。國小校園霸凌行為重複被害之研究。國立台北大學犯罪學研究所碩士論文，未出版，台北市。

薛靜雯（2009）。校園霸凌行為之分析：受凌者觀點在學生輔導之啟示。國立中山大學教育研究所碩士論文。未出版，高雄市。

Alikasifoglu, M., Erginoz, E., Ercan, O., Uysal, O., & Albayrak-

Kaymak, D. (2007). Bullying behaviors and psychosocial health : Results from a cross-sectional survey among high school students in Istanbul, Turkey. *European Journal of Pediatric, 166,* 1253-1260.

Atlas, R. S., & Pepler, D. J. (1998). Observations of bullying in the classroom. *Journal of Educational Research, 92*(2), 86-99.

Ball, H. A., Arseneault, L., Taylor, A., Maughan, B., Caspi, A., & Moffitt, T. E. (2008). Genetic and environmental influences on victims, bullies and bully-victims in childhood. *Journal of Child Psychology & Psychiatry, 49*(1)1,104-112.

Bandura, A. (1973). *Aggression: A social learning analysis.* Englewood Cliffs, New York: Prentice-Hall.

Berkowitz, L. (1990). On the formation and regulation of anger and aggression: A cognitive-neoassociationistic analysis. *American Psychologist, 45,* 494-503.

Bond, L., Carlin, J. B., Thomas, L., Rubin, K., & Patton, G. (2001). Does bullying cause emotional problems? A prospective study of young teenagers. *British Medical Journal, 323,* 480-484.

Bowen, M.(1985).*Family therapy in clinical practice.* New York: Jason Aronson.

Bowlby, J. (1958). The nature of the child's tie to his mother. *International Journal of Psychoanalysis, 39,* 350-373.

Brockeiibrough, K. K., Cornell, D. G., & Loper, A. B. (2002). Aggressive attitudes among victims of violence at school. *Education & Treatment of Children, 25,*273-287.

Bronfenbrenner, U. (1979). *The ecology of human development:*

experiments by nature and design. Cambridge, MA :Harvard University Press.

Carlyle, K. E., & Steinman. K. (2007). Demographic differences in the prevalence, Co-occurrence, and correlates of adolescent bullying at school. *Journal of School Health, 77*(9), 623-629.

Carney, A. G. & Merrell, K.W. (2001). Bullying in schools. *School Psychology International, 22*(3), 19-364.

Collins, N. L., & Read, S. J. (1994). Cognitive representations of attachment: The structure and function of working models. *Advances in Personal Relationships.* Vol.5: Attachment process in adulthood. Pennsylvania : Jessica Kingsley Publishers.

Crick, N.R., & Dodge, K. A. (1994). A review and reformulation of social information-processing mechanisms in children's social adjustment. *Psychological Bulletin, 115*, 74-101.

Cross, T. L. (2001). The many faces of bullies. *Gifted Child Today, 24* (4), 36.

Dake, J.A., Price, J. H.,Telljohann, S. K. (2003). The nature and extent of bullying at school. *Journal of School Health. 73*(5), 173.

Dawkins J., & Hill P. (1995). *Bullying: another form of abuse.* In: David TJ, editor. Recent advances in pediatrics. Edinburgh, UK: Livingstone. 103-122. *Development, 51*, 162-170.

Dodge, K.A. (1998). Social cognition and children's aggressive behavior. *Child* escaped victims, continuing victims and new victims of school bullying. *British*

Eslea, M., Menesini, E., Morita, Y., O'Moore, M., Mora-Merchán, J. A., Pereira, B., & Smith, P. K. (2004). Friendship and loneliness among bullies and victims: Data from seven countries. *Aggressive Behavior, 30* (1), 71-83.

Freud.S. (1936). *The problem of anxiety.* New York: Norton. Gray, JA. "The psychology of fear and stress (2nd ed.)". New York: Cambridge, 1978.

Gini, G. (2006). Social cognition and moral cognition in bullying: what's wrong? *Aggressive Behavior, 32*(6), 528-539.

Greene, M.B. (2006) . Bullying in schools: A plea for measure of human rights.

Griffin, R. S., & Gross, A. M. (2004). Childhood bullying: Current empricial findings and future directions for research. *Aggression and Viloent Behavior, 9*, 379-400.

Guckin, C. M.,& Lewis, C. A. (2006). Experiences of school bullying in northern Ireland : Data form the life and times survey. *Adolescence, 41* (162), 313-320.

Hardin(2008). *Effective classroom management.* Upper Saddle River, NJ: Merrill/Prectice Hall.

Heider, F. (1958). *The psychology of interpersonal relations.* New York: John Wiley & Sons.

Horne, A.M. (1991). *Social learning family therapy.* In A.M. Horne & J.L. Passmore.

Ingram, R. K., Overbey, T., & Fortier, M. (2001). Individual differences in dysfunctional automatic thinking and parental bonding : Specificity of maternal care. *Personality and Individual Differences, 30*, 401-412.

Ireland, J. L. (2000). "Bullying" among prisoners: A review of research. *Aggression and Violent, 5,* 201-215.

Journal of Social Issues, 62(1),.63-79.

Kokkinos, M. C., & Panayiotou, G. (2004). Predicting bullying and victimization among early adolescents: Associations with disruptive behavior disorders. *Aggressive Behavior, 30*(6), 520-533.

Kumpulaninen, K., Rasanen, E., Henttonen, I., Almozvist, F., Kresanov, K., Linna, S. L., Molanen, I., Piha, J., Puura, K., & Tamminen, T. (1998). Bullying add psychiatric symptoms among elementary school-age children. *Child Abuse and Neglect, 22,* 705-717.

Li, Q. (2006). Cyberbullying in schools. *School Psychology International,27*(2), 157-170.

Liang, H., Flisher, A. J., & Lombard, C. J. (2007). Bullying, violence, and risk behavior in South African school students. *Child Abuse & Neglect, 31,* 161-171.

Menesini, E., Modena, M., & Tani, F. (2009). Bullying and victimization in adolescence: Concurrent and stable roles and psychological health symptoms. *Journal of Genetic Psychology. 170*(2), 115-134.

Mishna, F. (2003). Learning disabilities and bullying: Double jeopardy. *Journal of Learning Disabilities, 36,* 336-347.

O'Moore, M. (2000). Critical issues for teacher training to counter bullying and victim isolation in Ireland. *Aggressive Behavior, 26*(1), 99-111.

Olweus, D. (1978). *Aggression in the schools: Bullies and whipping boys.* Washington DC: Hemisphere.

Olweus, D. (1993). *Bullying in school: What we know and what we can do.* Oxford : Blackwell.

Olweus, D. (1994). Annotation: Bullying at school: Basic facts and effects of a school-based intervention program. *Journal of Child Psychology and Psychiatry*, 35, 1171-1190.

Olweus, D. (1999). Sweden. In P. K. Smith, Y. Morita, J. Junger-Tas, D. Olweus, R. Catalano & P. Slee (Eds.). The nature of school bullying :A cross-national perspective (pp.7-27). New York: Routledge.

Orpoinas, P. A., & Horne, A. M. (2006). Bullying prevention-creating a positive school climate and developing social competence. *American Psychological Association* .Washington, DC.

Rana, S. (2004). Bullying in schools. *Problem-Oriented Guides for Police Problem- Specific Guides Series,12*, 2-4.

Raskauskas, J., & Stoltz, A. D. (2007). Involvement in traditional and electronic bullying among adolescents. *Developmental Psychology, 43*(3), 564-575.

Rigby, K., & Thomas, E. B. (2003). *How Australian schools are responding to the problem of peer victim isolation in schools.* Canberra: Criminology Research Council.

Rita, R. (2003). Study: *Bullies and their victims tend to be more violent USA Today.*

Salmivalli, C. (1999). Participant role approach to school bullying: implications for interventions. *Journal of Adolescence, 22*(4), 453-459.

Salmivalli, C., Lagerspetz, K., Björkqvist, K., Österman, K., &

Kaukiainen, A. (1996). Bullying as a group process: Participant roles and their relations to social status within the group. *Aggressive Behavior, 22,* 1-15.

Schaefer, M. (2007). Stopping the bullies. *Scientific American Special Edition, Special Edition-Child De, 17*(2), 48-53.

Schwartz, D., Proctor, L., & Chien, D. H. (2001). The aggressive victim of bullying: Emotional and behavioral dysregulation as a pathway to victimization by peers. In J. Juvonen & S. Graham (Eds.), *Peer harassment in school* (pp.147-174). New York: Guilford Press.

Sharp, S., Thompson, D., & Arora, T. (2000). How long before it hurts? An investigation into long-term bullying. *School Psychology International, 21*(1), 37-46.

Smith, P. K., & Thompson, D. (1991). *Practical approaches to bullying.* London: David Fulton.

Smith, P. K., Talamelli, L., Cowie, H., & Naylor, P. (2004). Profiles of non-victims,

Smokowski, P. R., & Kopasz, K. H. (2005). Bullying in school: An overview of types, effects, family characteristics, and intervention, strategies. *Children & Schools, 27*(2), 101-110.

Wal, M. F., Wit, C. A. M., & Hirasing, R. A. (2003). Psychosocial health among young victims and offenders of direct and indirect bullying. *Psychosocial Health and Bullying, 111,* 1312-1317.

West, A., & Salmon, G. (2000). Bullying and depression: A case report. International *Journal of Psychiatry in Clinical Practice, 4,* 73-75.

Yoneyama, S., & Rigby, K. (2006).Bully/victim studentssroom climate. & cla *Youth Studies Australia, 25*(3), 34-41.

五南文化廣場 橫跨各領域的專業性、學術性書籍
在這裡必能滿足您的絕佳選擇！

五南全國門市

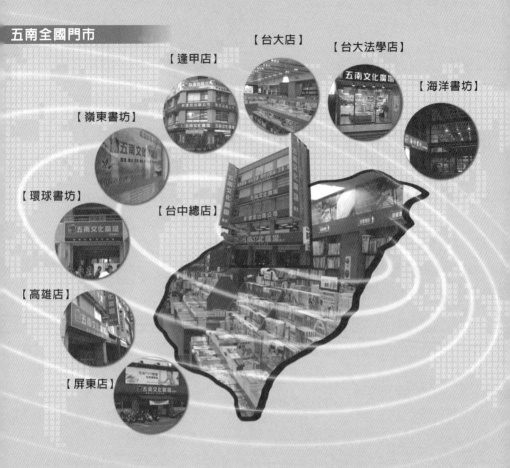

【逢甲店】
【台大店】
【台大法學店】
【海洋書坊】
【嶺東書坊】
【環球書坊】
【台中總店】
【高雄店】
【屏東店】

國家圖書館出版品預行編目資料

霸凌議題與校園霸零策略／吳明隆，陳明珠
著. ——初版.——臺北市：五南，2012.04
　面；　公分
ISBN 978-957-11-6586-8（平裝）
1.校園霸凌　2.問題學生輔導
527.47　　　　　　　　　　101002129

1IWH

霸凌議題與校園霸零策略

作　　　者— 吳明隆(60.2)　陳明珠

發 行 人— 楊榮川

總 編 輯— 王翠華

主　　編— 陳念祖

責任編輯— 李敏華

封面設計— 杜柏宏

出 版 者— 五南圖書出版股份有限公司

地　　　址：106台北市大安區和平東路二段339號4樓

電　　　話：(02)2705-5066　傳　　真：(02)2706-6100

網　　　址：http://www.wunan.com.tw

電子郵件：wunan@wunan.com.tw

劃撥帳號：01068953

戶　　　名：五南圖書出版股份有限公司

台中市駐區辦公室/台中市中區中山路6號

電　　　話：(04)2223-0891　傳　　真：(04)2223-3549

高雄市駐區辦公室/高雄市新興區中山一路290號

電　　　話：(07)2358-702　傳　　真：(07)2350-236

法律顧問　元貞聯合法律事務所　張澤平律師

出版日期　2012年4月初版一刷

定　　　價　新臺幣420元